리눅스 커널 패치와 커밋

윤대석 지음

리눅스 커널 패치와 커밋

전자책발행 2015년 4월 17일
종이책발행 2015년 6월 15일

지은이 윤대석 / **펴낸이** 김태헌
펴낸곳 한빛미디어(주) / **주소** 서울시 마포구 양화로 7길 83 한빛미디어(주) IT출판부
전화 02-325-5544 / **팩스** 02-336-7124
등록 1999년 6월 24일 제10-1779호
ISBN 978-89-6848-755-2 13000 / **정가** 15,600원

총괄 배용석 / **책임편집** 김창수 / **기획·편집** 정지연 / **교정** 이미연
디자인 표지/내지 여동일, 조판 최송실 / **제작** 박성우
마케팅 박상용 / **영업** 김형진, 김진불, 조유미

이 책에 대한 의견이나 오탈자 및 잘못된 내용에 대한 수정 정보는 한빛미디어(주)의 홈페이지나 아래 이메일로 알려주십시오.
한빛미디어 홈페이지 www.hanbit.co.kr / **이메일** ask@hanbit.co.kr

지금 하지 않으면 할 수 없는 일이 있습니다.
책으로 펴내고 싶은 아이디어나 원고를 메일(ebookwriter@hanbit.co.kr)로 보내주세요.
한빛미디어(주)는 여러분의 소중한 경험과 지식을 기다리고 있습니다.

저자 소개

지은이_ **윤대석**

대학 시절 리눅스 커널을 처음 접하고 시작한 뒤로 시간이 많이 흘렀지만, 꾸준히 하지도 못했고 회사에 다니면서도 리눅스 커널에 관련된 업무만을 하지는 못해 아쉽기만 했다. 하지만 꾸준히 관심을 두고 블로그나 커뮤니티의 글을 읽으면서 좋은 방법이 없을까 고민을 많이 해왔다. 그래서 재미있는 방법들도 찾아내고 실력도 조금씩 늘어가는 것을 느낀다. 아직은 많이 부족하지만 좋은 개발자가 되기 위해 고민하고 앞으로 계속 노력하는 사람이 되고 싶다.

저자 서문

서점에서 찾아보면 리눅스 커널과 관련하여 다양한 서적을 접할 수 있습니다. 이 서적들을 읽고 코드 내용을 보며 공부하는 것도 좋지만, 커널에 조금 더 관심이 있고 더 많은 재미를 느끼고 싶다면 직접 패치patch를 만들고 적용해 보는 방법이 훨씬 효과적입니다.

처음 커널 패치를 만들려고 시도했을 때, 어떻게 진행해야 하는지 알아내려고 무수히 많이 검색했습니다. 그러나 제작의 전체 과정이나 필요한 사항을 한꺼번에 정리해 놓은 문서나 웹 사이트가 없어서 결국 문제가 생겼을 때마다 필요한 내용을 찾아서 진행해야 했습니다.

또한, 내가 보낸 패치가 어떻게 진행되었나 하루 종일 메일 박스를 새로고침해서 보기도 했습니다. 사실 패치를 만드는 것보다 패치의 내용을 영어로 쓰고, 리뷰를 받았을 때 왜 이렇게 했는지 설명하는(물론 간단한 내용이었지만) 등의 일을 처리하는 것이 더 어려웠습니다. 그러나 하다 보니 조금씩 빨라지기도 하고 요령도 생기게 되었습니다. 고친 부분을 설명하기 어려울 때 어떻게 써야 하는지 고민하는 시간들이 나를 조금씩 발전하게 만든 것입니다.

내가 겪은 불편함과 어려움을 바탕으로 리눅스 커널에 관심 있는 사람들, 이를 공부하는 사람들이 쉽게 자료를 얻고, 공부할 수 있도록 커널을 수정하고 패치를 전달하기까지 일련의 작업들을 정리하였습니다.

저 역시도 아직 내공이 부족하여 커널의 중요한 부분을 수정하거나 리뷰하지는 못하지만, 이 책을 통해 소소한 부분이라도 꾸준하게 패치를 보내고 리뷰를 받아 하나씩 알아가다 보면 더 좋은 개발자가 되지 않을까 싶습니다.

끝으로, 아직 부족함을 많이 느끼는 나에게 많은 힘이 되어준 아내 남현미에게 감사의 말을 전합니다.

누구를 위한 책인가?

커널을 공부하거나 개발하고 있지만 코드를 수정하고 적용해 보고 싶은데 어떻게 해야 할지 고민하는 사람, 수정은 했지만 보내도 될지 망설이는 사람, 커널에 관하여 궁금한 점이 많은 사람 등이 이 책을 읽으면 시간도 단축하고 재미도 있을 것이다. 리눅스 커널을 많이 공부해서 조금 더 완벽하게 준비하고 시작해도 좋지만, 단순한 코딩 스타일과 사소한 패치부터 직접 만들어 보면서 공부하는 것도 좋다.

이 책의 구성

1장 들어가며

리눅스 커널에 컨트리뷰션Contribution하는 일을 소개한다. 리눅스 커널은 개발 진입 장벽이 있지만 쉬운 부분부터 차근차근 진행할 수 있는 부분이 있다. 이에 대한 필자의 경험과 생각을 정리한다.

2장 개발 환경 설정

커널 개발과 패치 커밋에 필요한 환경 설정을 소개한다. 리눅스 설치부터 소스를 받고 수정하기 위한 에디터Editor, 소스 형상 관리를 위한 Git, 이메일 클라이언트 등을 설정하여 개발 환경을 구성해 본다.

3장 리눅스 커널 빌드하기

리눅스 커널 패치를 위한 커널 설정과 빌드 방법을 소개한다.

4장 리눅스 커널 패치의 라이프 사이클

리눅스 커널 패치를 만들어 이를 병합하기까지의 과정을 설명한다.

5장 리눅스 커널의 코딩 스타일 고치기

가장 간단한 커널 소스 수정은 코딩 스타일을 수정하여 패치를 보내는 것이다. 5장에
서는 코딩 스타일을 수정하여 패치를 만들고 이를 전달하는 방법을 설명한다.

6장 좋은 패치 만들기

패치를 만들 때 Reviewer나 Maintainer에게 잘 전달하는 방법과 패치를 진행하면
서 Reviewer에게 받은 리뷰 내용을 정리한다.

7장 리눅스 커널 메일링 리스트 구독하기

Gmail을 이용해 커널 관련 메일링 리스트에 가입하고, 커밋을 살펴보는 방법을 소개
한다.

8장 정적 코드 분석 도구 사용하기

커널의 코드 검증을 위한 정적 코드 분석 도구를 소개하고, 각 도구의 장단점을 비교해
정리한다.

9장 정적 코드 분석 도구로 패치 만들기

다양한 정적 코드 분석 도구의 info/warning/error를 확인하는 방법과 어떻게 커널
을 수정하는지를 다룬다.

10장 QEMU로 리눅스 커널 디버깅하기

추가적인 커널 개발 방법과 콘솔 터미널로 커널을 부팅하고 Buildroot로 루트 파일
시스템과 리눅스 커널 디버깅 환경을 구축하는 방법에 관해 다룬다.

11장 참고용 사이트

커널 개발에 도움이 되는 사이트를 소개한다.

3 독자의 편의를 위해 DRM-Free로 제공합니다

구매한 전자책을 다양한 IT 기기에서 자유롭게 활용할 수 있도록 DRM-Free PDF 포맷으로 제공합니다. 이는 독자 여러분과 한빛이 생각하고 추구하는 전자책을 만들어 나가기 위해 독자 여러분이 언제 어디서 어떤 기기를 사용하더라도 편리하게 전자책을 볼 수 있도록 하기 위함입니다.

4 전자책 환경을 고려한 최적의 형태와 디자인에 담고자 노력했습니다

종이책을 그대로 옮겨 놓아 가독성이 떨어지고 읽기 어려운 전자책이 아니라, 전자책의 환경에 가능한 한 최적화하여 쾌적한 경험을 드리고자 합니다. 링크 등의 기능을 적극적으로 이용할 수 있음은 물론이고 글자 크기나 행간, 여백 등을 전자책에 가장 최적화된 형태로 새롭게 디자인하였습니다.

앞으로도 독자 여러분의 충고에 귀 기울이며 지속해서 발전시켜 나가도록 하겠습니다.

## chapter 1

들어가며

이 책을 보는 개발자들은 어느 정도 리눅스 커널에 관심이 있거나 관련 수업을 듣거나 관련 업무를 하는 사람일 것이다. 리눅스 커널은 가장 활발하게 개발되는 오픈소스며, 여러 나라의 개발자가 이에 참여하고 있다. 특정 메일링 리스트에만 가입해서 내용을 보더라도 하루에도 몇백 건의 패치^{Patch}가 들어온다. 이것은 리눅스 커널이 활발하게 개발 중이며 아직도 참여의 여지가 많다는 뜻이다.

리눅스 커널을 공부하는 방법에는 개발 서적을 읽고 커널 소스를 수정하며 빌드하고 적용해 보는 방법, 각종 디바이스 드라이버를 개발해 보는 방법 등이 있다. 이 책에서는 직접 코드를 수정하고 반영해 보는 과정을 통해 많은 개발자와 소통하는 즐거움을 얻는 방법을 알아보고자 한다.

커널은 많은 사람들이 개발에 참여하는 만큼 소스 코드를 수정하고 적용하는 데에 개발자가 반드시 지켜야 하는 약속이 있다. 예를 들어, 패치는 한 가지의 수정사항만을 반영해야 하고 이 패치를 메일로 보낼 때는 지원되는 이메일 클라이언트를 사용해야 한다는 것이다. 이외에도 다양한 상황이 생기는데 이를 성의 없이 처리하면 리뷰를 하는 다른 개발자가 화를 내기도 한다.

이 책에서는 간단한 패치를 만들어 보고, 이 과정을 통해 기본적인 커널 패치 방법을 알아본다. 또한, 정적 코드 분석 도구로 소스 코드를 분석하고 고쳐보겠다.

처음 만든 패치가 메인 라인에 병합Merge01 되고 내 이름이 커밋Commit02 로그에 보이면 매우 기쁘고 즐겁다. 하지만 패치가 병합되고 나서 또 다른 수정사항을 어떤 방법으로 만들어가야 하는지 새로운 고민거리를 맞닥뜨리게 된다. 여러 방향으로 고심하고 코드를 분석했지만 쉽지 않았다. 이런 상황에서 도움이 된 것이 메일링 리스트였다. 메일링 리스트의 내용을 틈틈히 보면서 할 수 있는 일들을 찾게 되었고 지금까지도 꾸준히 패치를 만들어 적용하고 있다. 이 책은 이러한 경험에 대한 공유다.

리눅스 커널을 개발하려면 기본적으로 알아야 할 사항들이 있다(공부하는 데 도움이 될 만한 사이트들은 11장에 정리하였다). 간략히 소개하면 리눅스 커널의 저장소와 버전 관리를 위해 Git을 사용한다. 단순히 특정 경우에 사용하는 커맨드만 알아도 되지만 Git 관련 개념이나 철학 등을 알아두면 좋다. 그리고 개발을 위한 Ubuntu의 설정을 알아두자. 또한, Python/Perl 중 하나를 선택해서 반복되거나 특정 행동을 위한 간단한 스크립트를 만들어 보는 것도 재미가 있을 것이다.

커널 패치를 만들면서 필자는 진입 장벽이 하나 더 있었다. 영어 문제였다. 처음에 커밋을 만들고 내 의도를 Changelog에 남기는 것이 코드를 수정하는 것보다 더 오래 걸렸다. 다른 개발자가 보고 욕이라도 하면 어쩌지 하는 생각에 하루 이틀 정도 보류시킨 적도 있었다.

이 부분을 해결하기 위해서는 어떻게 적었든 우선 그냥 보내 보는 수밖에 없다. 일단 패치를 만들어 보내면 다른 개발자들이 친절하게 부족한 부분을 설명해 줄 것이다. 패치를 만들고 어떻게 설명할지를 고민해 보는 것도 부족한 영어 공부를 한다고 생각하자. 때로는 리뷰를 잘못 이해해서 여러 번 답장을 받은 적도 있다. 다행인 것은 리뷰를 해준 개발자가 친절하게 설명을 추가해 줘서 지금껏 패치를 진행

---

01 많은 개발자가 공동 개발하여 만들어지는 패치들을 하나의 저장소로 모으는 작업
02 패치가 저장소에 업데이트되는 일

하고 있다는 것이다. 리뷰를 배움의 기회라 생각하면 더욱더 즐기며 작업할 수 있다. 이 부분에 있어서만큼은 필자가 명확한 해결책을 줄 순 없지만 영어를 쓰다 보면(외국에 나가서 어쩔 수 없이 영어를 쓰는 상황과 같다) 자연스레 늘지 않을까 생각한다.

## chapter 2

개발 환경 설정

2.1 기반 OS 선택

리눅스 커널을 개발하기 위해서는 리눅스 배포판 중 하나를 선택하여 설치해야 한다. 설치에는 몇 가지 방법이 있다.

1. 리눅스 배포판을 로컬 PC에 설치하여 메인 OS로 사용

리눅스는 윈도우만큼 콘텐츠 양이 많지 않다. 윈도우를 오랫동안 사용해 왔다면 리눅스로 변경하여 사용하기가 쉽지 않을 것이다. 하지만 리눅스 관련 개발에만 집중할 예정이라면 이 방법을 추천한다.

2. 리눅스 배포판을 별도의 PC에 설치하고 윈도우 환경으로 접속해서 개발

아주 훌륭한 조합이다. 리눅스 커널 개발을 위해 딱히 GUI 환경이 필요하지 않다. 즉, 리눅스가 설치된 PC가 네트워크 접속이 가능하다면 윈도우 PC의 터미널 프로그램으로 리눅스로 접속해서 개발할 수 있다. 하지만 PC가 두 대 이상 필요하므로 여유 PC가 없다면 비용 문제가 생긴다.

3. 윈도우 환경에서 VirtualBox나 VMware로 리눅스 배포판 설치

윈도우의 다양한 콘텐츠를 포기할 수 없고 비용 부담도 줄이고 싶다면 이 방법이 가장 현실적이다. 개인 로컬 PC의 성능이 굉장히 좋다면 문제없지만, 가상 환경에서 리눅스 커널 빌드와 개발을 하려면 조금 답답할 수도 있다.

리눅스 환경에서 VirtualBox나 VMware로 윈도우를 설치하는 방법도 있지만 추천하지 않는다(게임이나 윈도우에서만 지원되는 콘텐츠를 이용하려고 가상 환경을 쓰는 것은 의미가 없어 보인다). 이 책에서는 방법3을 이용하겠다. 방법1은 VirtualBox 설치법이 필요 없다는 것 말고는 방법3과 동일하다.

2.2   리눅스 배포판 선택

리눅스 배포판은 종류가 다양하여 선택하기 어렵다. 이 책에서는 GUI 환경을 사용하지 않으므로 패키지 매니저에 의존성만 있을 뿐 어떤 리눅스 배포판을 사용하더라도 문제 되지 않는다. 필자가 사용해 본 리눅스 배포판은 'Fedora', 'Ubuntu', 'Gentoo', 'CentOS'가 있는데, 이 책에서는 우분투^{Ubuntu}를 기준으로 설명하겠다. 이 책과 다른 배포판을 사용한다면 각 배포판에 맞는 명령어를 검색해서 실행하면 된다. The best Linux distro of 2011[01] 문서에 리눅스 배포판의 비교 자료가 있으니 참고하길 바란다.

2.3   VirtualBox 설치

가상 환경을 제공하는 도구 중에서 VMware와 VirtualBox가 가장 많이 쓰인다. VMware는 유/무료 버전이 있고 VirtualBox는 무료다. 이 책에서는 VirtualBox로 리눅스 환경을 만드는데, 이미 리눅스 배포판이 설치된 PC나 서버를 사용한다면 VirtualBox 설치 방법은 건너뛰어도 된다.

설치 방법은 간단하다. VirtualBox 홈페이지[02]에 접속하여 OS에 맞는 VirtualBox 버전을 선택하고 내려받는다(이 책에서는 VirtualBox 4.3.16 for Windows hosts 버전을 사용한다). 특별한 설정이 필요 없으므로 내려받은 파일(VirtualBox-4.3.16-95972-Win.

---

01 http://tuxradar.com/content/best-distro-2011
02 https://www.virtualbox.org/

exe)을 실행하여 다음 단계 버튼을 누르기만 하면 쉽게 설치할 수 있다.

2.4 배포판 설치

2.4.1 우분투 내려받기

우분투 홈페이지의 다운로드 페이지[03]에 접속하여 각자 환경에 맞는 우분투 버전을 선택하고 내려받는다. 예전에는 버튼을 누르면 내려받기가 바로 시작이 되었지만 최근에 과정이 하나 추가되었다. 버튼을 누르면 기부를 받는 페이지가 나오는데, 기본 금액이 모두 '2$'로 설정되어 있다. 이를 모두 '0$'로 변경하거나 [Not now, take me to the download]을 누르면 화면 하단의 [Pay with PayPal] 버튼이 [Download] 버튼으로 변경되어 우분투를 내려받을 수 있다.

2.4.2 VirtualBox 환경 설정

앞에서 설치한 VirtualBox로 리눅스를 설치해 보자. VirtualBox를 실행하면 다음과 같은 화면이 뜬다. 새로운 OS를 설치하므로 이 화면에서 왼쪽 상단의 [새로 만들기] 버튼을 누른다.

그림 2-1 VirtualBox 실행 화면

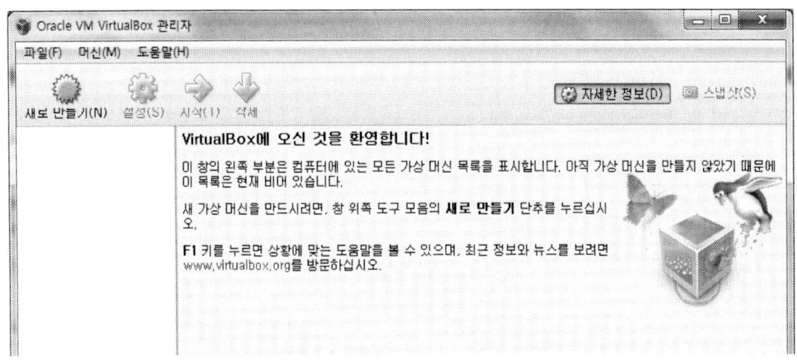

---

03 http://www.ubuntu.com/download/desktop

[새로 만들기]를 누르면 다음과 같은 설정 화면이 뜬다. 이 화면에서 [이름] 필드에는 원하는 가상 머신의 이름을 적고, [종류]에는 'Linux', [버전]에는 'Ubuntu (32/64 bit)'를 선택한 뒤 [다음] 버튼을 누른다.

그림 2-2 이름 및 운영체제 선택

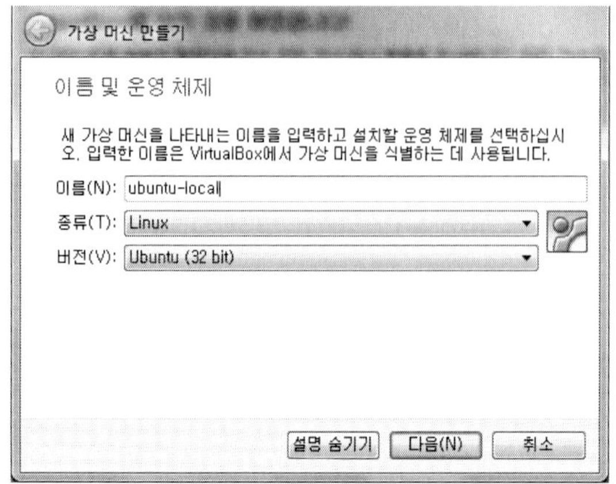

다음으로 가상 머신의 메모리 크기를 설정한다. 설치하는 PC의 환경에 따라 설정하면 된다. 보통 1~2GB로 설정하는 것이 좋다. 가상 머신에서 리눅스 커널을 빌드하는 데 메모리나 파일 I/O 등에서 많은 리소스를 사용하므로 넉넉히 잡아준다. 물론 파일 I/O는 가상 머신을 이용하기 때문에 성능이 잘 나오지는 않는다.

그림 2-3 메모리 크기 설정

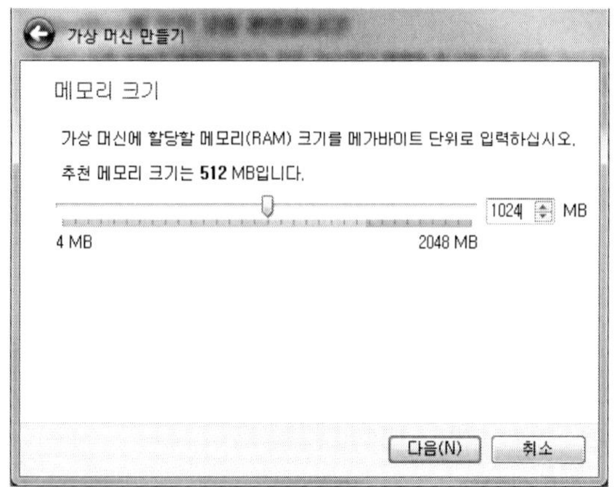

새로운 디스크를 생성하기 위해 [지금 가상 하드 드라이브 만들기]를 선택하고 [만들기] 버튼을 누른다.

그림 2-4 하드 드라이브 설정

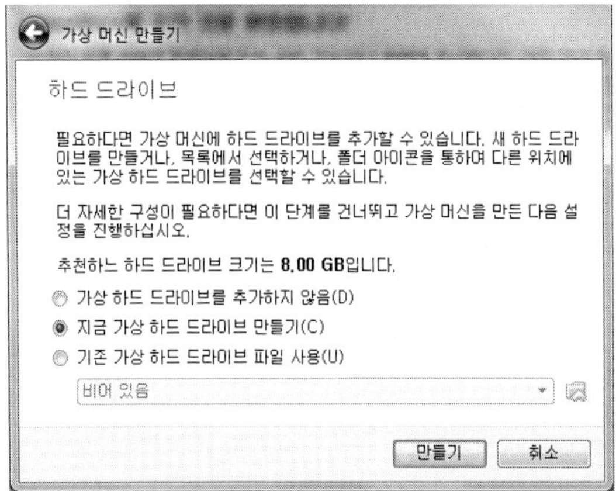

여러 가지 디스크 형태가 있지만, 기본으로 선택되는 형태로 진행한다.

그림 2-5 디스크 형태 설정

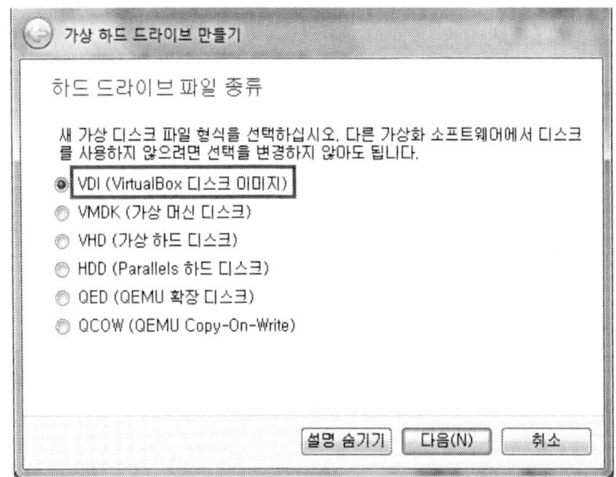

디스크의 크기는 [동적 할당]과 [고정 크기]가 있는데, 화면의 설명처럼 [고정 크기]가 사용할 때 더 빠르므로 이를 선택한다. 이는 빌드 시간을 줄이기 위한 설정이다.

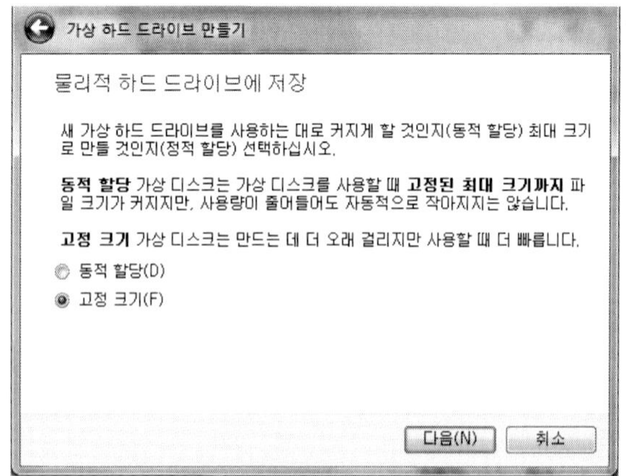

디스크 이미지 크기는 20GB로 설정한다(최소 15GB 이상으로 설정하길 바란다. 디스크

이미지 크기는 나중에 늘릴 수 있다). 디스크 생성은 시간이 조금 오래 걸린다.

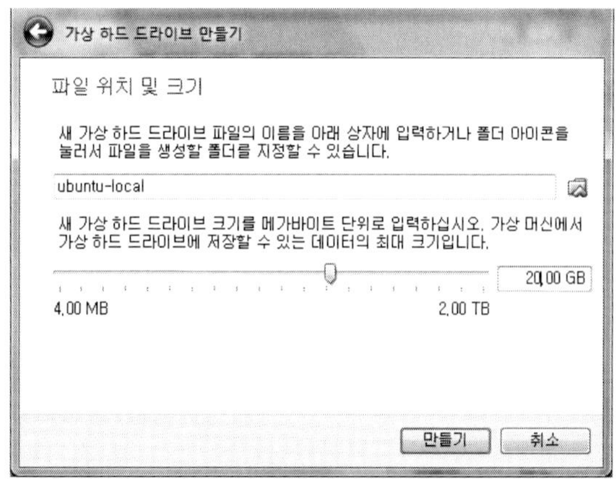

가상 디스크 생성이 완료되면 새로 생성된 가상 머신의 상태를 보여 준다.

2.4.3 우분투 설치

2.4.1 우분투 내려받기에서 받은 ubuntu iso 이미지를 VirtualBox의 가상 CD롬에 마운트해야 한다. [그림 2-8]의 화면에서 상단의 [설정] 버튼을 누르면 다음 화면의 메뉴가 나온다. 먼저 [시스템 → 마더보드 → 부팅 순서]에서 사용하지 않는 [플로피 디스크]는 체크를 해제한다.

그림 2-9 부팅 순서 설정

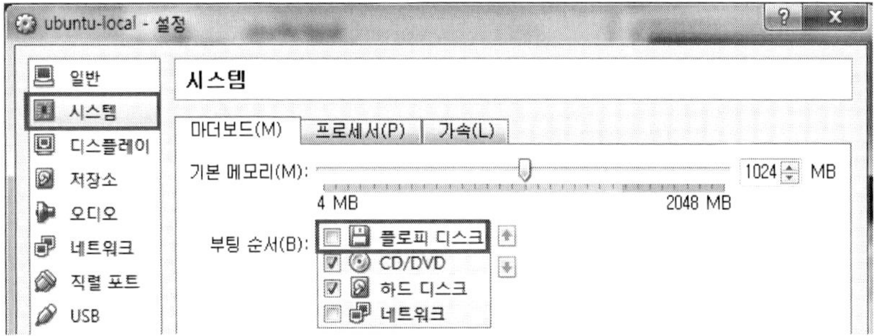

그런 다음 [저장소]에서 [컨트롤러 : IDE] 옆에 있는 CD 그림을 누른다.

그림 2-10 디스크 이미지 추가

[디스크 선택하기]를 누른다.

그림 2-11 디스크 선택

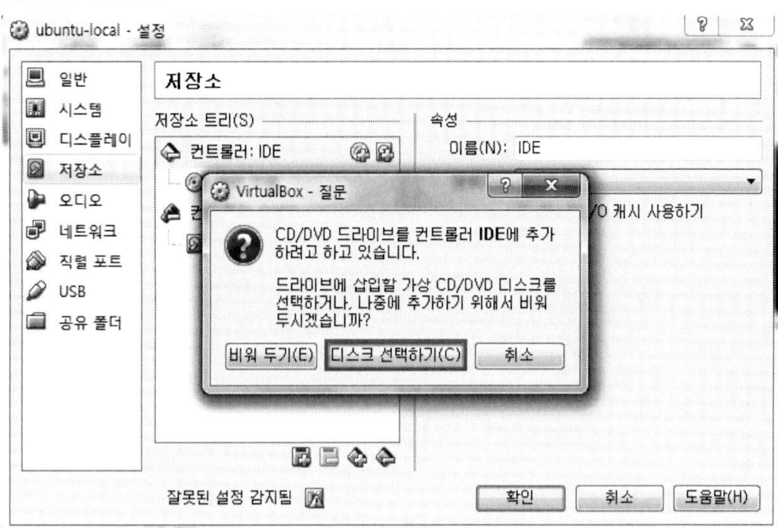

윈도우 탐색기에서 ubuntu iso 이미지를 선택해 마운트한다.

그림 2-12 디스크 이미지 선택

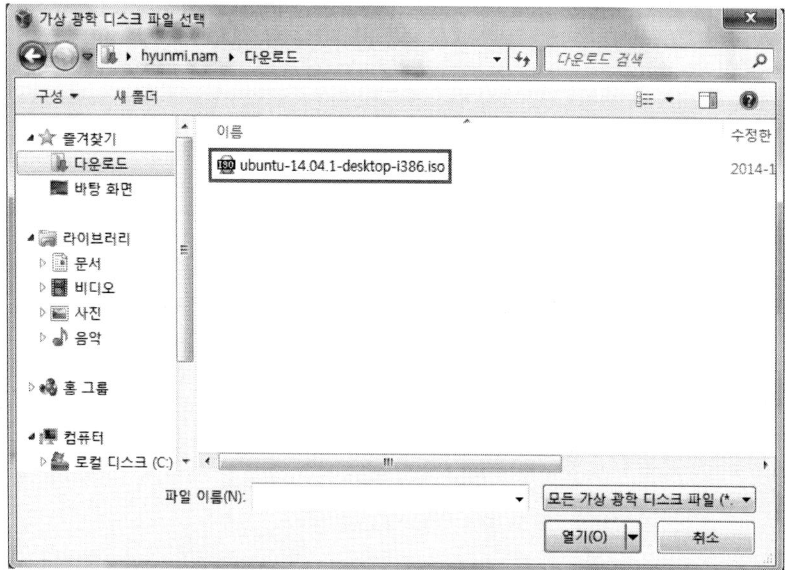

가상 CD롬에 ubuntu iso 이미지가 마운트된 것을 확인할 수 있다.

그림 2-13 디스크 이미지 마운트 완료

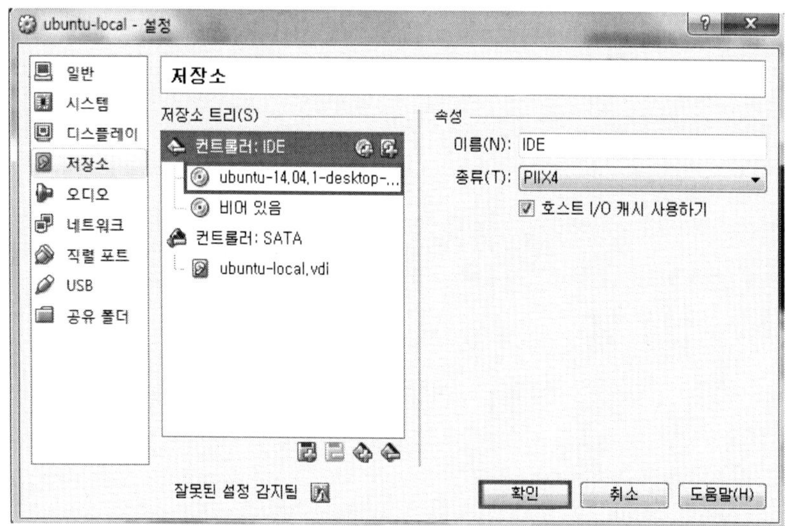

이제 이 설정으로 가상 머신을 부팅해 보자. 앞의 [부팅 순서]에서 플로피 디스크를 사용 안함으로 설정했으므로 CD롬이 가장 먼저 인식될 것이다.

가상 머신을 시작하면 ubuntu iso 이미지를 읽어 우분투 설치를 시작한다. 설치 화면에서 [Try Ubuntu]와 [Install Ubuntu] 중 하나를 선택할 수 있다. [Try Ubuntu]는 CD에 있는 우분투 live 이미지로 부팅하여 테스트하는 것이고, [Install Ubuntu]는 우분투 설치를 진행하는 것이므로 여기서는 [Install Ubuntu]를 선택하여 설치를 진행한다.

그림 2-14 시작 모드 선택

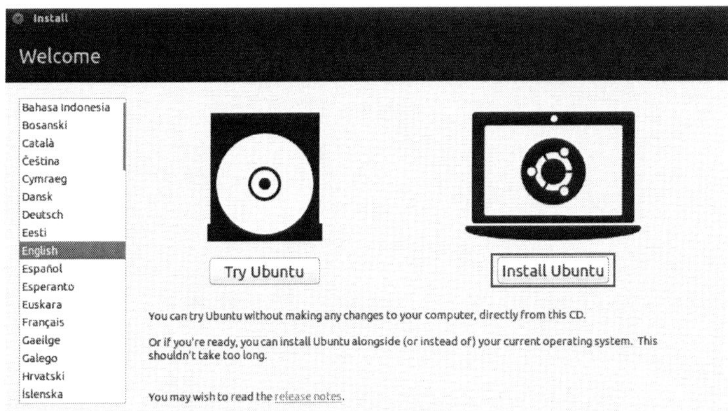

다음은 설치 과정에서 필요한 것을 인터넷을 통해 업데이트하거나 여러 가지 서드파티Third-party 소프트웨어 설치를 확인하는 과정인데, 일단 무시하고 진행하자.

그림 2-15 설치 준비

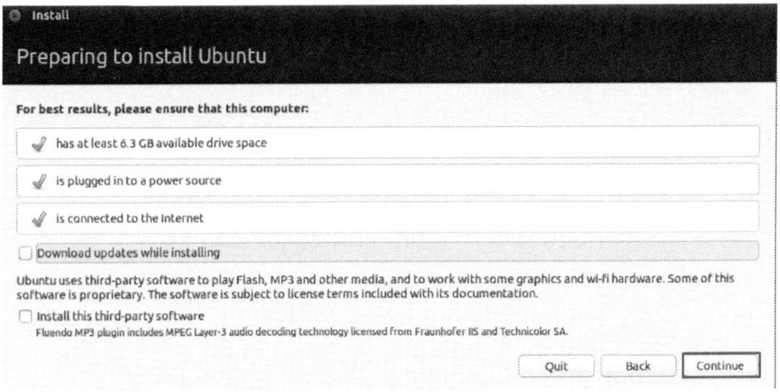

처음 설치하므로 앞서 만든 가상 디스크에는 아무런 정보가 없을 것이다. 디스크를 모두 지우고 우분투를 설치하는 옵션으로 진행하자. [Install Now] 버튼을 눌러 다음으로 진행한다.

그림 2-16 설치 형태 설정

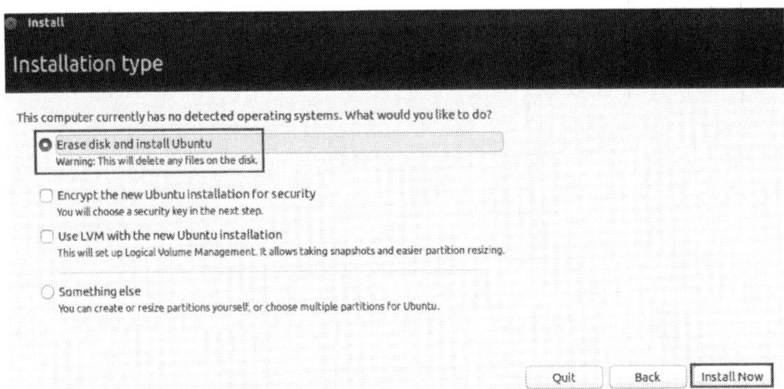

다음은 지역 설정이다. 네트워크가 연결되어 있다면 자동으로 'Seoul'이 설정된다. 설정이 자동으로 되지 않는다면 지도에서 대한민국 위치를 대충 누르면 선택된다.

그림 2-17 지역 설정

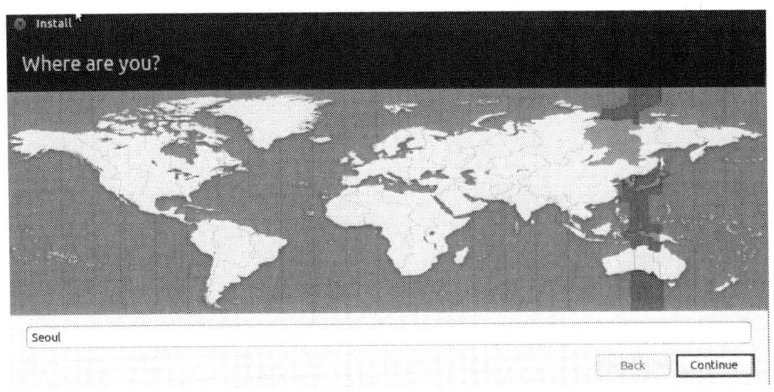

다음은 키보드 설정과 언어 설정이다. 기본으로 'English'가 설정되는데, 한글로 바꾸면 또 다른 소프트웨어 설치와 설정을 해야 한다. 리눅스 커널 개발을 위한 우분투 환경이므로 한글로 설정할 필요는 없다.

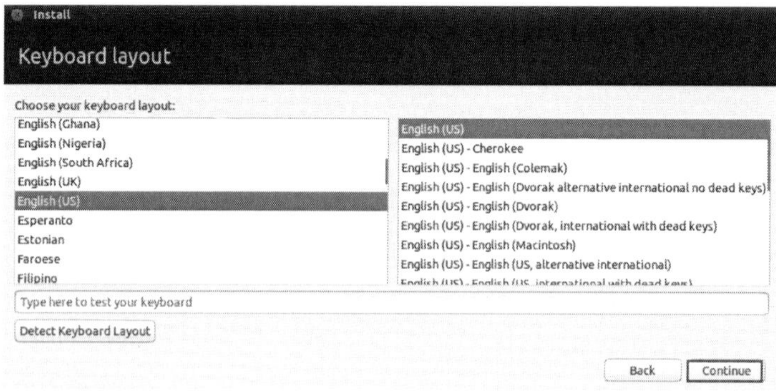

마지막으로는 계정 설정이다. [Your name]에 이름을 입력하면 [You computer's name]은 자동으로 완성해 준다(마음에 들지 않으면 변경해도 된다). [Pick a username]에 실제 로그인할 계정 이름을 적는다(필자는 'daeseok'으로 설정했다). 이 계정은 'sudo[substitute user do]' 권한을 가진 'wheel group'에 자동으로 등록되어 각종 소프트웨어 설치와 시스템 설정을 할 수 있다. [Log in automatically]와 [Require my password to login]은 둘 중 아무거나 선택해도 무방하다.

우분투를 설치하고 나면 무거운 GUI 환경을 사용하지 않고 콘솔 모드로 부팅할 것이다. 이는 커널 개발에 사용하지 않는 GUI 프로세스가 실행되지 않게 하여 시스템을 효율적으로 사용하기 위해서다.

그림 2-19 계정 설정

앞의 설정을 마치고 [Continue] 버튼을 클릭하면 패키지를 설치한다. 설치 완료 후 재부팅하면 설치된 우분투를 확인할 수 있다. 실제 PC에 우분투를 설치하면 재부팅 전에 CD롬에 들어 있는 CD를 꺼내는데, 가상 머신도 마찬가지로 앞에서 마운트한 ubuntu iso 이미지를 제거한다(이 과정에서 시스템이 멈추는 경우가 있는데, 너무 오랫동안 멈춰 있으면 강제로 가상 머신을 재부팅한다).

2.4.4 가상 머신의 네트워크 설정

네트워크로 콘솔 터미널에 접속하여 커널 개발을 하므로 우분투를 설치하고 GUI 환경을 사용하지 않게 설정하기 전에 해야 할 일이 있다. 일단 네트워크 설정 방법을 알아보자.

재부팅한 다음 우분투를 종료한다. 그다음 VirtualBox 메인 화면에서 [설정]을 눌러서 [네트워크]로 이동한다. [네트워크]에 들어가면 [어댑터 1]이 'NAT'로 설정되어 있다. 이를 [브리지 어댑터]로 변경한다. 나머지는 자동으로 설정된다.

그림 2-20 네트워크 설정 - 어댑터 1

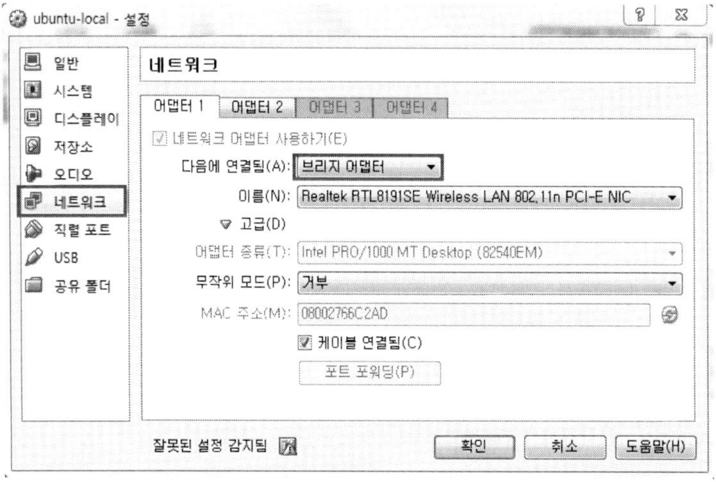

그다음 [어댑터 2]로 가서 'NAT'로 설정하고 [확인]을 누른 다음 시스템을 재부팅 한다.

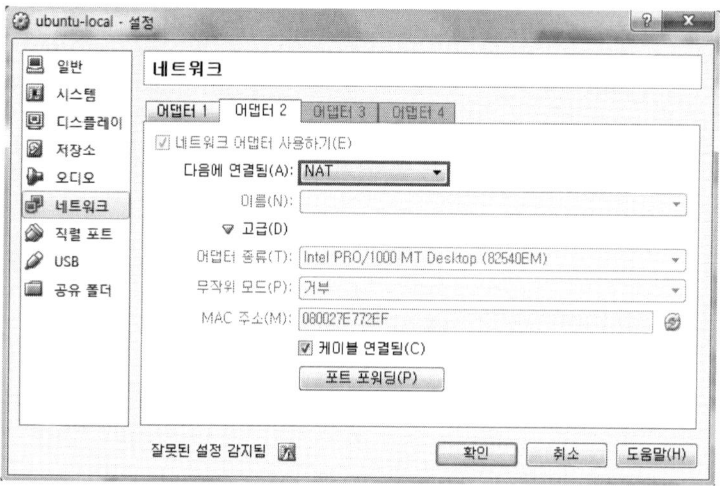

2.4.5 ssh 설치와 콘솔 모드 부팅

터미널 프로그램(PuTTY 등)으로 접속하기 위해 ssh를 설치한다. 가상 머신으로 접속할 IP 주소를 확인하고, 콘솔 모드 부팅으로 수정한 다음 재부팅한다. ssh를 설치하기 위해 GNOME(우분투 기본 GUI 환경)에서 기본으로 제공하는 터미널을 사용한다. [Alt + F2]를 눌러 검색바를 연 다음 'gnome-terminal'을 입력하면 [그림 2-22]와 같이 검색 결과가 나오는데, gnome-terminal 프로그램의 아이콘을 누르면 터미널이 실행된다.

그림 2-22 터미널 실행

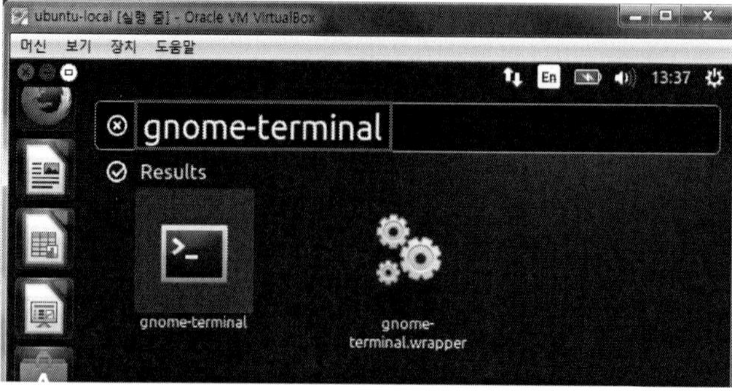

터미널을 실행하고 다음 명령을 입력하면 패스워드를 묻는데, 설치할 때 설정한 패스워드를 입력하면 된다. 처음 설정한 계정은 sudo 권한을 가진 계정이다.

```
$ sudo apt-get install ssh
```

ssh 관련 패키지가 자동으로 설치되고, 마지막에 진행 여부를 물으면 엔터를 입력해서 설치를 완료한다.

그림 2-23 ssh 설치

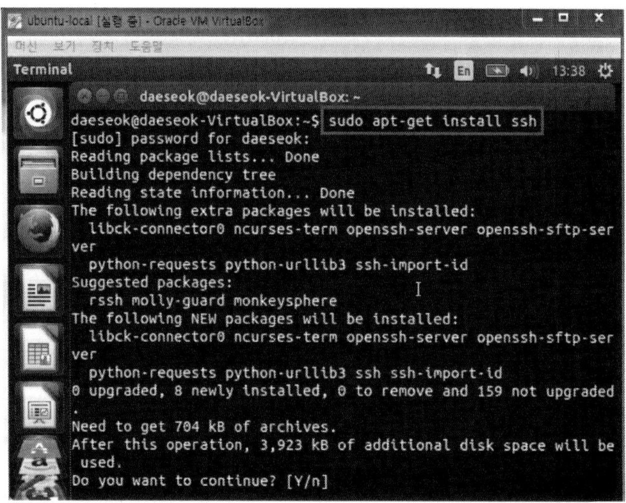

이제 터미널 프로그램으로 접속할 준비가 끝났다. 현재 시스템의 IP를 다음 명령으로 확인해 보자.

```
$ ifconfig
```

콘솔 화면에서 [eth0]의 IP를 확인한다. 대부분 자동으로 192.168.xxx.xxx로 설정된다. 이제 이 IP로 PuTTY에서 접속해 보자.

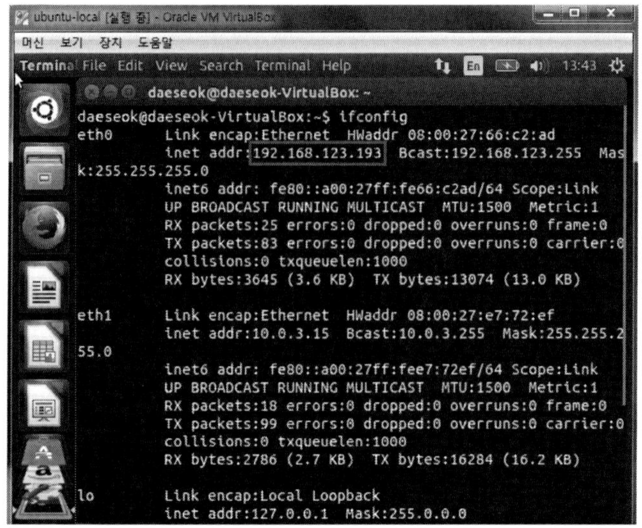

PuTTY(http://bit.ly/1jsQjnt) 프로그램을 내려받아 실행하고 확인한 IP를 적어 준
다. [Saved Sessions]에 'local ubuntu'로 이름을 정하고 [Save] 버튼을 눌러 저
장한 후 [Open] 버튼을 누르면 [그림 2-26]처럼 설치된 우분투에 접속할 수 있
다. 계정에는 우분투를 설치할 때 입력한 정보를 넣으면 된다.

그림 2-25 PuTTY 설정

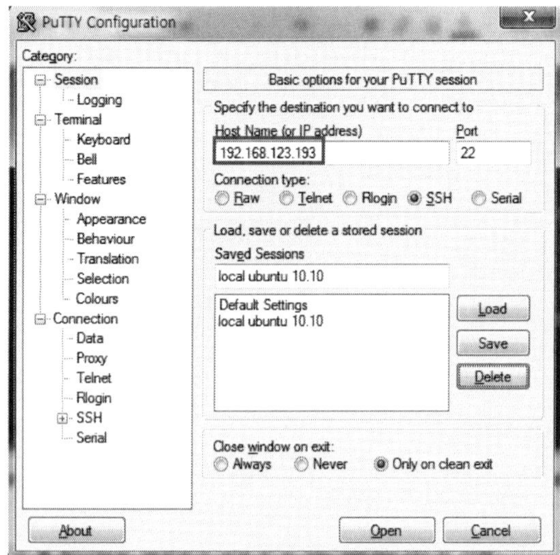

그림 2-26 우분투 접속 화면

```
Using username "daeseok".
daeseok@192.168.123.193's password:
Welcome to Ubuntu 14.04.1 LTS (GNU/Linux 3.13.0-32-generic i686)

 * Documentation:  https://help.ubuntu.com/

The programs included with the Ubuntu system are free software;
the exact distribution terms for each program are described in the
individual files in /usr/share/doc/*/copyright.

Ubuntu comes with ABSOLUTELY NO WARRANTY, to the extent permitted by
applicable law.

daeseok@daeseok-VirtualBox:~$
```

2.4.6 콘솔 모드 부팅 설정

우분투는 기본적으로 GRUB이라는 부트로더로 부팅되는데, 여기서 설정해 주면 GUI 환경이 아닌 텍스트 모드로 부팅되고 GUI 관련 프로세스가 실행되지 않는다. 이제부터 모든 작업은 터미널(ssh)로 접속해 진행하므로 필요 없는 GUI는 없앤다.

다음 명령으로 GRUB 파일을 열고 텍스트 모드 부팅을 설정한다.

```
$ sudo vi /etc/default/grub
```

- GRUB_CMDLINE_LINUX_DEFAULT="quiet splash"에 '#'을 붙여 주석 처리한다.
- GRUB_CMDLINE_LINUX=""의 큰따옴표 안에 'text'라고 적는다.
- #GRUB_TERMINAL=console에서 맨 앞의 '#'을 지운다.

```
# If you change this file, run 'update-grub' afterwards to update
# /boot/grub/grub.cfg.
# For full documentation of the options in this file, see:
# info -f grub -n 'Simple configuration'

GRUB_DEFAULT=0
GRUB_HIDDEN_TIMEOUT=0
GRUB_HIDDEN_TIMEOUT_QUIET=true
GRUB_TIMEOUT=10
GRUB_DISTRIBUTOR=`lsb_release -i -s 2> /dev/null || echo Debian`
```

```
#GRUB_CMDLINE_LINUX_DEFAULT="quiet splash"
GRUB_CMDLINE_LINUX="text"

# Uncomment to enable BadRAM filtering, modify to suit your needs
# This works with Linux (no patch required) and with any kernel that obtains
# the memory map information from GRUB (GNU Mach, kernel of FreeBSD ...)
#GRUB_BADRAM="0x01234567,0xfefefefe,0x89abcdef,0xefefefef"

# Uncomment to disable graphical terminal (grub-pc only)
GRUB_TERMINAL=console

# The resolution used on graphical terminal
# note that you can use only modes which your graphic card supports via VBE
"/etc/default/grub" 34 lines, 1241 characters written
```

수정이 끝나면 리눅스를 재부팅한다.

```
$ sudo reboot
```

[그림 2-27]처럼 부팅 시 GNOME(GUI 환경)은 보이지 않는다. 그리고 앞에서 PuTTY에 저장한 설정으로 접속하면 가상 머신에 터미널로 접속할 수 있다. 콘솔 모드로 부팅했을 때 가상 머신은 물리적인 모니터를 가상화하여 보여 주므로 화면 스크롤이나 텍스트 복사 등의 다양한 기능은 동작하지 않는다. 그래서 PuTTY를 이용한 터미널 접속으로 진행한다.

그림 2-27 텍스트 모드 부팅 화면

리눅스 커널 개발 환경 만들기

가상 머신을 이용한 우분투 설치와 개발을 위한 간단한 운영체제 환경을 만들어 보았다. 이제는 리눅스 커널 소스를 수정하고 빌드하기 위한 환경을 추가로 설치해 보자.

2.5.1 리눅스 커널 소스 받기

리눅스 커널 소스 코드를 빌드하려면 여러 가지 도구가 필요한데, 다음 명령으로 각 도구를 설치한다. libncurses는 커널 빌드를 세부 설정할 때 텍스트 기반 UI를 제공하기 위한 라이브러리이고, gcc/make는 빌드 도구, git은 소스를 받고 패치를 만들기 위해 필요하다.

```
$ sudo apt-get install libncurses5-dev gcc make git
```

좀 더 자세한 사항은 KernetBuild[04] 문서에서 확인할 수 있다.

안정 버전 받기

리눅스 커널은 소스 코드마다 관리자가 달라서 이를 관리하는 저장소[Repository]의 종류가 많고 다양하다. 이 많은 트리(각 저장소 브랜치[Branch]를 이렇게 부르기도 한다)가 모여 최종 릴리스(안정) 버전이 된다. 이 버전은 리누스 토르발스[Linus Torvalds]가 관리하는 Git 저장소[05]에서 확인할 수 있다. 리눅스 커널 개발을 위해 관리되는 모든 Git 저장소를 모두 확인하고 싶다면 커널 Git 저장소[06] 문서를 참고하기 바란다.

---

04 http://kernelnewbies.org/KernelBuild
05 http://git.kernel.org/cgit/linux/kernel/git/torvalds/linux.git
06 https://kernel.googlesource.com/

이제 최신 안정 버전을 git 명령어로 내려받아 보자(이를 가지고 개발하지는 않지만, 패치가 최종으로 들어가는 곳이니 일단 받아 놓자).

각자의 home 디렉터리를 기준(/home/⟨user id⟩/)으로 하위에 work/Kernel/linux-kernel 디렉터리를 만든다.

```
$ mkdir -p ~/work/Kernel/linux-kernel
```

linux-kernel 디렉터리로 이동하여 최근에 배포된 커널을 내려받는다.

```
$ cd ~/work/Kernel/linux-kernel
$ git clone https://kernel.googlesource.com/pub/scm/linux/kernel/git/torvalds/
linux
```

내려받은 안정 버전의 리눅스 커널 소스 코드는 나중에 패치가 병합된 것을 확인하는 용도로 사용하고, 개발과 테스트에서는 사용하지 않는다.

개발용 linux-next 브랜치 받기

이 책에서는 개발 브랜치로 linux-next를 사용한다. 이 브랜치는 리눅스 커널 개발을 위해 Maintainer가 관리하는 각각의 Git 저장소를 통합한 저장소로, 패치를 비교적 짧은 주기로(패치당 24시간 이내) 업데이트한다. 이 브랜치 외에 추가로 필요한 Git 저장소가 있다면 그때그때 설명하겠다.

앞에서 받은 안정 버전의 리눅스 커널에서 `git remote add` 명령으로 linux-next 브랜치를 내려받을 수도 있고, 새로운 디렉터리를 만들어서 `git clone` 명령으로 안정 버전 소스를 받는 방법과 동일하게 linux-next 브랜치를 받아 관리해도 된다. 두 가지 방법을 모두 알아보자.

새로운 디렉터리를 만들어서 관리하는 방법은 다음과 같다.

```
$ mkdir -p ~/work/Kernel/
$ cd ~/work/Kernel/
$ git clone https://kernel.googlesource.com/pub/scm/linux/kernel/git/next/
linux-next
```

다음은 기존 안정 버전에서 linux-next를 추가하여 관리하는 방법이다.

```
$ cd ~/work/Kernel/linux-kernel
$ git remote add linux-next https://git.kernel.org/pub/scm/linux/kernel/git/
next/linux-next.git
$ git fetch linux-next
$ git checkout linux-next
```

git remote 명령으로 'linux-next'라는 이름을 linux-next 브랜치의 url에 입력
하면 추가 리모트 브랜치[07]로 관리할 수 있다. 이 방법은 리눅스 안정 버
전과 개발 브랜치를 하나의 디렉터리 안에서 관리할 수 있어서 편리하다. 하지만
개발 과정에서 현재 안정 버전을 테스트하거나 안정 버전 소스를 보고 싶을 때 개
발 중인 디렉터리의 소스를 안정 버전으로 체크아웃[checkout]하는 일들을 진행해야
하는 번거로움이 생긴다. 리눅스 커널 개발은 linux-next 브랜치에서 모두 진행하
고 확인 정도만 안정 버전으로 하므로 따로 디렉터리를 만드는 것을 권장한다.

> **NOTE** **주의!!!**
>
> linux-next 브랜치는 많은 Maintainer가 관리하는 통합 저장소이므로 linux-next 브랜치에서
> git pull 명령을 사용하면 안 된다. git pull은 git fetch와 git merge 명령을 함께 수행하는
> 명령으로, linux-next에서 git pull을 사용하면 오랜 시간 동안 소스 코드를 받지 못한다. 따라서
> git fetch와 git reset --hard 명령으로 소스 코드를 최신 버전으로 유지하자.
>
> ```
> $ git checkout linux-next
> ```

---

07 리모트 저장소에 있는 브랜치

```
$ git fetch origin linux-next
$ git reset —hard remotes/linux-next/master
```

2.5.2 개발 도구 설치와 환경 설정

소스를 받고 나면 이를 분석하고 편집할 수 있는 리눅스 도구가 필요하다. 이 책에서는 편집기로는 Vim을 사용하고, 소스 추적에는 Ctags와 Cscope를 같이 사용한다. 이 도구를 설치하는 방법과 필자가 이 도구들에서 사용하는 편의 설정을 간단히 살펴보자.

Vim 설치와 설정

Vim은 다음 명령으로 간단히 설치된다.

```
$ sudo apt-get install vim
```

Vim은 Vi Improved의 약자로, 설치한 다음 간단한 설정이 필요하다. 기본 편집기로 Vi가 있지만 여기서 사용할 편집기는 Vim이므로 vi 명령어로 Vim이 실행되게 설정해야 한다.

우분투는 기본 셸로 bash를 사용한다. bash 관련 설정은 /etc/bashrc에 있는데, 이는 시스템 전역 설정을 하는 곳이므로 그대로 두고 계정마다 갖고 있는 설정 파일을 추가 및 수정하여 사용하자.

계정별 bash 설정 스크립트는 각자의 home 디렉터리에 '.bashrc'라는 파일로 관리된다. 일단 설정 파일을 열어보자.

```
$ vi ~/.bashrc
```

이 파일의 맨 마지막 줄에 다음과 같이 추가한다.

```
alias vi="/usr/bin/vim"
```

이제 bash 셸 어디서는 vi 명령어는 /usr/bin/vim으로 실행된다.

이제 리눅스 커널 개발에 필요한 간단한 Vim 설정을 알아보자. 이는 필자가 다년 간 리눅스 환경에서 코드를 살펴보고 결정한 옵션이다. 물론 사용자에 따라 조금 씩 변경하거나 추가해서 사용할 수 있으니 참고만 하길 바란다.

Vim도 관련 설정 파일을 시스템 전역으로 적용하는 /etc/vimrc 파일이 있고, 계정별로도 있다. bash 설정 파일과 동일한 규칙으로 '.vimrc'로 관리된다(이 파일도 각 계정의 home 디렉터리에 위치해야 한다).

일단 설정 파일을 열어보자(이 파일이 없다면 만들어야 한다). 다음은 기본 설정이다. 이후 Ctags와 Cscope를 설치하고 추가 설정을 하자.

```
set bg=dark          " Vim의 배경색을 dark로 설정
set autoindent       " autoindent와 cindet는 자동으로 코드의 들여쓰기를 해주는 기능
set cindent
set tabstop=8        " 리눅스 커널은 기본적으로 tab 하나를 8 개의 공백으로 구성한다.
set shiftwidth=8     " 들여쓰기할 때 기본으로 들어가는 공백의 크기다. tab 크기를 8로 했으
                       므로 다음 코드 라인의 들여쓰기 시 탭이 하나 더 추가된다는 의미다.
set nu               " 코드 라인의 숫자를 보여 준다.

" 아래의 if문 내부에 있는 script는 불필요한 공백이나 들여쓰기에 빨간색으로 보여 준다.
if has("autocmd")
    highlight ExtraWhitespace ctermbg=red guibg=red
    match ExtraWhitespace /\s\+$\|\t/
    autocmd BufWinEnter * match ExtraWhitespace /\s\+$\|\t/
    autocmd InsertEnter * match ExtraWhitespace /\s\+\%#\@<!$\|\t/
    autocmd InsertLeave * match ExtraWhitespace /\s\+$\|\t/
    autocmd BufWinLeave * call clearmatches()
endif

" 파일을 다시 열었을 때, 이전의 위치를 기억하고 다시 그 위치에서 열어주는 기능
```

```
if has("autocmd")
    au bufreadpost * if line("'\"") > 0 && line("'\"") <= line("$")
        \| exe "normal g'\"" | endifendif
```

" 아래는 Vim을 한 화면에 여러 개의 파일을 열 수 있는데 'ctrl + 이동키'로 파일 간 이동이
가능하게 하는 핫키 설정
```
nmap <C-H> <C-W>h
nmap <C-J> <C-W>j
nmap <C-K> <C-W>k
nmap <C-L> <C-W>l
```

Ctags/Cscope 설치와 설정

다음 명령으로 간단히 설치된다. 설치는 간단하지만 사용하는 방법은 알아야 할
것이 많으므로 익숙해질 때까지 사용해 봐야 한다.

```
$ sudo apt-get install exuberant-ctags cscope
```

리눅스 커널 소스를 추적하기 위해서는 기본으로 Ctags나 Cscope에 심벌을 등
록하는 작업이 선행되어야 한다. Ctags를 위한 tag 파일 생성 방법은 다음과 같다.

```
$ cd ~/work/Kernel/linux-next
$ ctags -R .
```

Cscope는 조금 다르다. 먼저 Cscope에서 관리할 소스 파일의 목록을 만들고
이 목록에서 Cscope를 위한 심벌 파일을 생성할 수 있다. 리눅스 커널 코드는 거
의 대부분 C 파일과 S(Assembly) 파일로 구성되어 있다. 헤더 파일인 '*.h'를 포함
해 리눅스 커널 소스 파일의 목록을 만들어 보자.

find 명령어로 현재 디렉터리 하위의 모든 파일에서 확장자가 'c', 's', 'S', 'h'인
것을 모두 찾아 'cscope.files'라는 파일로 기록한다. 그다음 만들어진 파일 목록
을 가지고 Cscope가 심벌을 만드는 명령어를 입력하면 된다.

```
$ find . \( -name '*.c' -o -name '*.h' -o -name '*.s' -o -name '*.S' \)
-print > cscope.files
$ cscope -i cscope.files
```

코드가 업데이트될 때마다 Ctags와 Cscope도 업데이트되어야 한다. 이때, Ctags는 그냥 입력하더라도 Cscope는 매번 입력하기가 귀찮으므로 이를 스크립트로 만들어 두면 편하다.

```
$ mkdir ~/bin
$ vi ~/bin/mkcscope.sh
```

find부터 cscope.files까지는 한 줄로 구성해야 한다.

[~/bin/mkcscope.sh]
```
#!/bin/bash
find . \( -name '*.c' -o -name '*.cpp' -o -name '*.cc' -o -name '*.h' -o
-name '*.s' -o -name '*.S' \) -print > cscope.files
cscope -i cscope.files
```

이렇게 파일을 만든 뒤, 다음 명령으로 실행 권한을 준다.

```
$ chmod +x ~/bin/mkcscope.sh
```

그리고 mkcscope.sh 파일을 실행할 때 파일 패스를 모두 사용하지 않도록 ~/bin을 실행 환경변수에 등록한다. bashrc 파일을 열어서 맨 마지막 줄에 export PATH=$PATH:~/bin/이라고 적어 주면 시스템 전역 실행 패스에 각자 만든 스크립트가 있는 ~/bin도 추가되어 어디서든 파일 패스 없이 mkcscope.sh만 사용할 수 있다.

관련 내용을 수정한 다음 셸을 다시 시작해야 변경 사항이 적용된다. 현재 셸에서 환경변수를 바로 적용하고 싶으면 다음 명령을 실행하면 된다.

```
$ source ~/.bashrc
```

이제 mkcscope.sh를 어디서든 사용할 수 있다. 이후 추가되는 스크립트도 마찬가지로 ~/bin 하위에 넣으면 된다.

ctags -R과 cscope 명령을 실행하면 명령을 실행한 위치에 있는 모든 코드를 포함한 파일의 심벌들을 기록하는 파일이 생성된다(각 파일의 이름은 tags와 cscope.out이다). 이 심벌 파일을 편집기에 로딩해 줘야 코드를 보면서 추적이 가능한데, 각 심벌 파일을 Vim을 열 때마다 로딩할 수 있도록 설정해야 한다.

간단한 방법으로는 개발하는 리눅스 커널의 위치는 변하지 않으므로 tags와 cscope.out의 절대 경로가 변하지 않는다면 .vimrc 파일을 열어서 set tags=/path/to/kernel/tags로 Ctags의 tag 파일을 지정하고 Cscope는 cs add /path/to/kernel/cscope.out이라고 해 두면 Vim을 열 때는 무조건 해당 파일을 로딩하여 언제든지 코드를 추적할 수 있다.

하지만 이 방법으로는 리눅스의 다른 버전을 추가로 받거나 다른 오픈소스 프로젝트를 개발할 때마다 설정을 추가해야 한다. 이러한 번거로움을 줄이기 위해 편집기를 연 위치에서 가장 가까운 곳의 심벌 파일을 동적으로 로딩하도록 만들어 주는 설정이 있어 소개한다.

이 설정은 현재 편집기를 연 시점의 디렉터리에서 하위로 이동하여 tags 파일을 찾고 로딩한다. 이것을 .vimrc 파일 맨 아래에 넣고 사용하면 된다.

```
function SetTags()
    let curdir = getcwd()
    while !filereadable("tags") && getcwd() != "/"
        cd ..
```

```
    endwhile

    if filereadable("tags")
        execute "set tags=" . getcwd() . "/tags"
    endif

    execute "cd " . curdir
endfunction
call SetTags()
```

Cscope도 같은 방법으로 진행하는데, 설정은 다음과 같다.

```
set csprg=/usr/bin/cscope
set csto=0
set cst
set nocsverb

function! LoadCscope()
    let db = findfile("cscope.out", ".;")
    if (!empty(db))
        let path = strpart(db, 0, match(db, "/cscope.out$"))
        set nocscopeverbose " suppress 'duplicate connection' error
        exe "cs add " . db . " " . path
        set cscopeverbose
    endif
endfunction
au BufEnter /* call LoadCscope()
```

Ctags와 Cscope를 둘 다 사용한다면 두 스크립트 내용을 .vimrc에 넣고 둘 중 하나만 사용한다면 선택해서 넣으면 된다.

이제 ctags와 cscope의 사용법을 알아보자.

Ctags와 Cscope로 코드 추적하는 방법

검색해 보면 Ctags와 Cscope를 사용하는 방법이 매우 잘 설명된 페이지가 많으니 그 페이지들을 참고해도 된다. 코드를 분석할 때 한번 사용해 보면 좋은 도구라는 것을 느낄 수 있을 것이다.

기본 단축키(Ctags)와 명령어(Cscope)는 다음과 같다.

그림 2-28 Ctags/Cscope 기본 단축키와 명령어 – Vim 편집기의 명령 모드(Esc)에서 사용

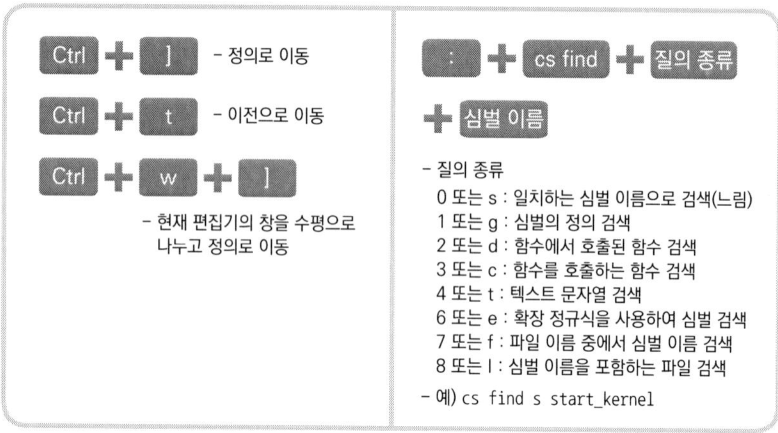

기본 명령어만 사용해도 심벌을 추적하는 데 어려움이 없을 것이다. 코드를 열고 함수 내에 호출되는 함수의 정의를 살펴보고 싶다면 커서를 해당 함수 위에 올려 놓고 'Ctrl +]'를 누르면 된다. 심벌이 하나만 있으면 바로 이동하지만 같은 이름 의 심벌이 여러 개가 있으면 선택 가능한 메뉴가 하나 더 나오는데, 해당 번호를 선택하여 이동하면 된다(Cscope도 마찬가지다).

Cscope[08]와 Ctags[09] 홈페이지에 가면 매뉴얼 등 다양한 문서를 볼 수 있고 구글 을 검색해도 잘 정리해 놓은 페이지가 많으므로 자세한 사항은 따로 설명하지 않 는다.

2.6　이메일 계정 만들기

개발 환경 설정의 마지막 단계로 Google의 Gmail 계정을 등록한다. 커밋 로그

---

08 http://cscope.sourceforge.net/
09 http://ctags.sourceforge.net/

에는 실제 패치를 작성한 사람의 이름을 꼭 넣어야 하므로 이메일 계정은 자신의 이름을 반영하여 사용하는 것이 좋다. 필자도 daeseok.youn@gmail.com으로 사용하고 있다.

## chapter 3

리눅스 커널 빌드하기

3장에서는 리눅스 커널의 옵션 설정과 빌드 방법을 알아본다. 커널 패치를 만들려면 코드 분석도 중요하지만, 리눅스 커널의 기본적인 옵션 설정과 빌드 방법을 알아야 자신의 패치를 검증할 수 있다. 물론 패치 검증을 위해 추가로 테스트해야 하지만(10장 참조), 빌드해서 자신의 코드가 제대로 수정되었는지 확인하는 것이 먼저다.

우분투[01]는 설치할 때 설정한 계정이 sudoer로 등록되고 sudo 명령을 이용해 패키지 설치가 가능하다. sudo 명령어 뒤에 root 권한이 필요한 명령어를 추가로 붙여서 사용하면 비밀번호를 확인하고 진행할 수 있다. 다음 build-essential, kernel-package, fakeroot, libncurses5-dev 패키지는 기본적으로 리눅스 커널을 빌드하기 위해 필요한 것들이다.

```
$ sudo apt-get install build-essential kernel-package fakeroot libncurses5-dev
```

---

01 https://wiki.ubuntu.com/KernelTeam/GitKernelBuild

3.1 리눅스 커널 타깃 설정

표 3-1 리눅스 커널 설정 옵션[02]

설정 옵션	설명
config	커널의 모든 설정 사항을 하나씩 확인하며 설정한다.
menuconfig	ncurses 라이브러리를 이용해 텍스트 기반 UI로 설정한다.
xconfig	QT 기반 UI로 설정한다.
gconfig	GTK+ 기반 UI로 설정한다.
oldconfig	.config 파일에 기록된 설정으로 업데이트한다. 소스를 업데이트한 다음 설정 변경이 있으면 터미널에서 하나씩 확인한다.
silentoldconfig	oldconfig와 동일하지만 업데이트한 후에는 설정 변경사항을 보여 주지 않는다.
randconfig	무작위로 설정한다.
defconfig	kernel arch/〈ARCH〉/configs 하위에 이미 만들어진 설정 사항으로 설정한다.
allmodconfig	가능한 모든 설정 사항을 'enable' 상태로 만드는 것인데, 이때 모듈로 설정한다 (M으로 표기).
allyesconfig	모든 설정 사항을 'yes'로 만든다. 드라이버 등 모듈로 가능한 것들은 모두 'built-in' 모드로 설정된다.
allnoconfig	모든 설정 사항을 'no'로 만든다.

3.2 리눅스 커널 옵션 설정

앞의 설정 옵션 중 이 책에서 사용할 방법은 allyesconfig, randconfig, menuconfig다. 간단한 버그 수정이나 코딩 스타일을 수정하므로 allyesconfig로 리눅스 커널의 모든 모듈을 'yes'로 설정하고 빌드해도 좋고(빌드 시간이 오래 걸린다) randconfig와 menuconfig로 각자 수정하는 모듈을 포함해 간단하게 빌드하는 방법도 좋다.

여기서 빌드할 타깃은 i386 또는 x86_64다. ARCH 옵션을 넣지 않으면 리눅스

---

02 http://www.linuxtopia.org/online_books/linux_kernel/kernel_configuration/ch11s03.html

커널 아키텍처 설정이 기본으로 현재 시스템과 동일하게 설정된다. 즉, 64bit 인텔 칩을 사용한다면 자동으로 x86_64이 선택된다.

다음과 같이 allyesconfig로 리눅스 커널 옵션을 설정하면 리눅스 커널의 모든 옵션이 'y'로 설정된다(모든 옵션이라고 해도 특정 아키텍처에 의존적인 모듈은 해당하지 않는다).

```
$ make ARCH=x86_64 allyesconfig
scripts/kconfig/conf --allyesconfig Kconfig
#
# configuration written to .config
#
```

make randconfig로 리눅스 커널 옵션 설정을 무작위로 생성하여 빌드한 다음 menuconfig로 자신이 원하는 모듈을 추가/제거하여 빌드할 수도 있다. 앞의 예제에 allyesconfig를 randconfig로 변경해 실행하면 된다.

이제 수동 설정이 가능한 menuconfig의 사용법을 알아보자. 다음 명령어로 리눅스 커널의 옵션을 TUI$^{\text{Text-Based UI}}$로 볼 수 있다.

```
$ make ARCH=x86_64 menuconfig
```

각 메뉴를 참조하여 진행하는데, 처음에는 어떤 것을 On/Off할지 막막할 수 있다. 먼저 staging 하위의 디바이스 드라이버를 빌드할 수 있게 만들어 보자.

stage 디렉터리에는 리눅스 커널에서 관리하고 있으나 아직 메인으로 넣기에는 부족한 소스 코드를 모아 놓았다. 여기서부터 시작하면서 차츰 영역을 넓혀간다.

메뉴에서 staging 관련 모듈을 빌드 시 포함하게 해보자. [Device Drivers ---〉 [*] Staging drivers]로 이동하면 된다.

그림 3-1 리눅스 커널 수동 옵션 설정

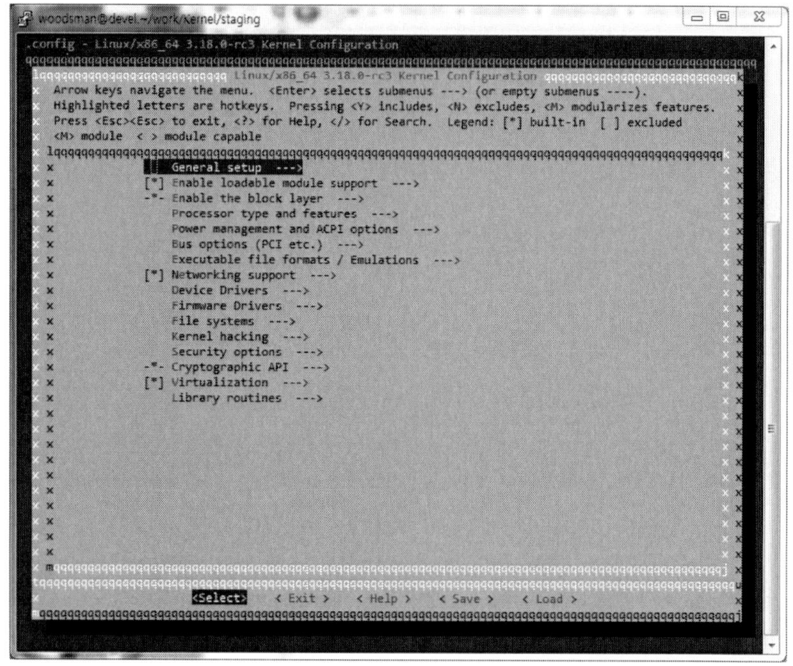

Staging drivers 앞에 아무 표시가 없으면 스페이스 바를 눌러 별(*) 표시가 생기도록 바꾼다. '[*]' 표시는 이 모듈을 빌트인 시키겠다는 의미고, '[M]' 표시는 드라이버 모듈로 사용하겠다는 의미로 부팅 후에 동적 로딩으로 드라이버를 사용할 수 있다. 일단 모두 [*] 상태로 만든다.

나머지는 Staging drivers 하위에 있는 모듈이다. 최대한 [*]로 설정한다. 물론 [M]으로만 지원하는 모듈도 있고, 다른 의존성 때문에 보이지 않는 모듈도 있다. 일단 보이는 모듈만 선택해서 진행한다. 화면 하단의 〈Exit〉를 선택하면 현재 설정이 .config에 저장되고 빌드할 수 있게 된다.

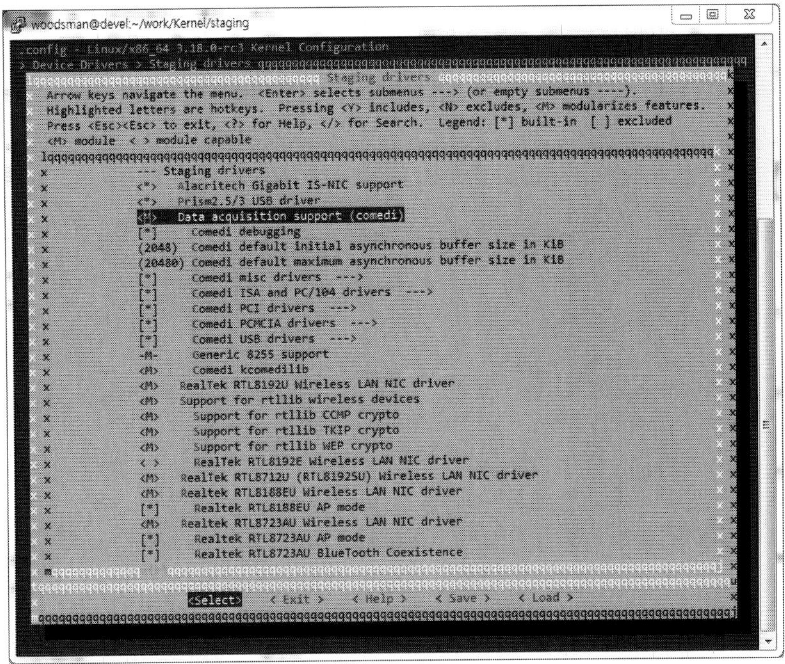

3.3 빌드하기

make 명령어로 리눅스 커널을 빌드한다. make 옵션으로 '-j'를 사용하면 빌드할
때 CPU의 스레드를 몇 개 만들어 수행할지 설정할 수 있다.

```
$ make -j4
// 또는
$ make -j2
// 또는
// -j만 쓰면 현재 시스템의 CPU를 최대한 사용하겠다는 의미인데, 추천하지 않는다.
$ make -j
```

리눅스 커널 전체를 빌드한 다음 특정 부분의 드라이버 코드를 변경하고 해당 드라이버 또는 파일만 빌드하는 옵션도 있다. 이와 같은 '부분 빌드'는 리눅스 커널 개발을 진행하면 빈번하게 사용하는 방법이다.

파일을 수정한 후 이 파일만 빌드하고 싶으면 make 뒤에 파일 경로를 그대로 적어주고 결과물의 확장자를 'c'가 아닌 오브젝트 파일을 의미하는 'o'로 설정하면 된다. 예를 들어, drivers/staging/dgap/dgap.c 소스가 변경되었다면 다음과 같이 빌드한다(이 명령을 사용하면 dgap.o 파일을 만들기 위해 dgap.c를 빌드한다).

```
$ make drivers/staging/dgap/dgap.o
```

드라이버 전체를 다시 빌드하고 싶으면 다음 명령을 사용한다.

```
$ make drivers/staging/dgap/
```

드라이버를 모듈 형식으로(.ko) 빌드하고 싶으면 make 명령어와 'M=드라이버 경로'를 함께 입력하면 된다.

```
$ make M=drivers/staging/dgap/
```

3.4 다른 아키텍처로 빌드하기

리눅스 커널은 지원하는 CPU 타입이 굉장히 많다. 리눅스 커널 소스의 arch 디렉터리를 보면 어떤 CPU 타입을 지원하는지 확인할 수 있는데, 이 중 x86 계열과 ARM이 가장 유명하다. 일반적으로 PC는 x86 계열을 사용해 기본으로 GCC 툴 체인을 제공하는데, ARM을 사용한다면 필요한 툴 체인을 따로 설치해야 한다

(여기서는 툴 체인 설치법[03]을 설명하지 않으므로 검색해서 찾아보길 바란다).

ARM용 툴 체인이 설치되면 make menuconfig에서 ARM이 기본값이 되도록 ARCH=arm으로 실행해야 한다.

```
$ make ARCH=arm menuconfig
```

설정이 완료되면 다음 명령으로 ARM용 리눅스 커널을 빌드한다.

```
make ARCH=arm CROSS_COMPILE=/path/to/arm_compiler/bin/arm-linux-
```

---

03 ARM 임베디드 제품 중 유명한 Raspberry Pi의 빌드 방법(http://elinux.org/Raspberry_Pi_Kernel_Compilation) 참고

리눅스 커널 패치의 라이프 사이클

이번 장에서는 패치를 만든 다음 어떤 흐름으로 진행되는지를 살펴본다. 패치를 만들었다고 해서 바로 메인라인^{mainline}으로 병합되어 리눅스 커널을 사용하는 전 세계 개발자가 볼 수 있는 것은 아니다. 여러 단계를 거친 후 최종으로 리누스 토르발스가 관리하는 Git으로 병합된다.

일반적으로, 간단한 수정사항은 각 서브 모듈의 Maintainer와 Reviewer의 동의(Acked)가 있으면 이들의 Git 저장소에 며칠 걸리지 않고 병합된다. 하지만 큰 흐름을 바꾸려고 시도하거나 많은 양의 패치 셋$^{Patch\ Set}$이 있는 수정사항은 몇 달 또는 몇 년이 걸리기도 한다.

리눅스 커널 소스를 받게 되면 최상위 'MAINTAINERS'라는 파일에 프로젝트와 디렉터리 및 파일별로 Maintainer의 이름과 이메일 주소가 기록되어 있는데, 굉장히 많은 사람이 있다. 패치를 만들면 수정하는 파일에 맞는 Maintainer에게 이 패치를 보내야 한다. 패치에 맞는 개발자를 어떻게 찾는지는 고민하지 않아도 된다. 이에 관련한 내용은 5장에서 실습을 통해 살펴보겠다.

4.1 패치의 라이프 사이클

리눅스 커널에 기여하려는 개발자가 패치를 만들면 [그림 4-1]과 같은 과정을 거치게 된다.

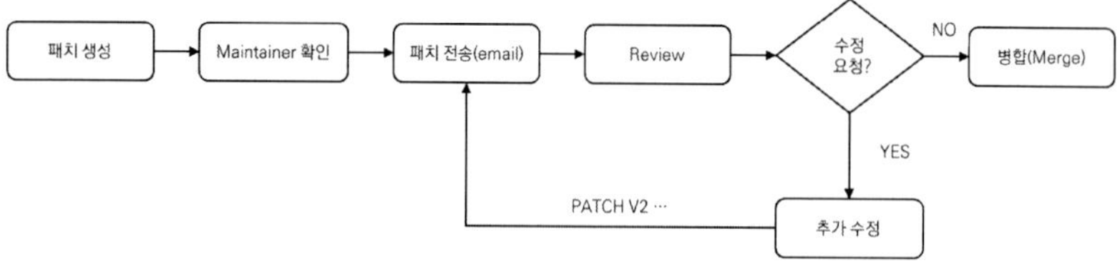

일단 코드를 수정하고 기본 확인 과정(빌드 테스트 정도)을 거치면, Git의 특정 명령으로 포맷팅된 파일을 만든다. 이 파일을 리눅스 커널에서 권장하는 이메일 클라이언트(2.6 이메일 계정 만들기 참고)로 첨부해서 보내면 Reviewer의 코멘트Comment을 받을 수도 있고 아무런 답변 없이 Submaintainer의 Git으로 병합될 수도 있다.

Reviewer들이 코멘트를 줄 때는 맞는 수정이지만 추가 변경 사항이 있거나 패치가 잘못된 수정일 때다. 코멘트를 받으면 그에 적절한 답변을 하거나 패치를 수정한 후 다시 전달해야 한다. 가끔 '이런 걸로 시간을 빼앗지 마라'는 부정적인 의견도 있지만, 걱정하지 말자. '미안하다'라는 답변으로 잘 마무리하면 된다. 또한, 라인별로 의견을 달아 간단한 패치임에도 친절하고 건설적인 리뷰를 남겨 주는 개발자도 있다. 이때는 적절한 답변과 함께 요구 사항을 받아들이고 수정해 다음 버전의 패치를 전달하면 된다.

패치를 만들고 리뷰를 받는 과정에서 남기는 Sign이 있다. 이를 간단히 정리하고 넘어가 보자. 이 내용은 리눅스 커널 소스의 'Documentation/Summitting Patches' 파일에 자세히 나와 있다.

기본으로 'Signed-off-by'는 패치를 개발한 사람이 패치를 Changelog에 넣고 Maintainer에게 전달하면 리뷰를 거쳐 특정 저장소에 push[01]되는데, 이때 저

---

01 수정한 소스가 원격 저장소에 등록되는 것을 말한다.

장소에 push한 Maintainer가 'Signed-off-by+Maintainer의 이름'을 변경 로그에 추가한다. 즉, 'Signed-off-by'는 패치가 메일로 전달될 때 누가 이를 전달하고 누가 받았는지를 로그로 남기는 것이다.

'Acked-by'와 'Reviewed-by'는 패치를 추가로 완성하는 데 이를 누가 확인했고 누가 동의했는지를 반영하는 내용이라고 생각하면 된다. 이외에도 다양한 Sign이 있는데 이는 다음 표를 참고하기 바란다.

표 4-1 Sign의 종류

Sign	설명
Signed-off-by	오픈소스 라이선스를 이해했으며, 이에 준하여 자신의 패치를 만들고 인증한다는 의미다. 패치를 만들고 보낼 때 'Signed-off-by + 자신의 이름'을 추가해서 보내야 한다.
Acked-by	패치를 리뷰했으며 동의를 표시할 때 패치에 추가한다.
Reviewed-by	'Acked-by'와는 다른 의미의 동의로, 패치가 메인라인에 들어가기 위해 Reviewer가 신경을 많이 썼다는 의미로 보면 된다. 코드에서 향후 생길 수 있는 문제점을 제기하기도 하고, 다양한 방법으로 패치에 도움을 준 경우 패치를 만든 사람과 합의(?)를 본다면 'Reviewed-by'로 이름을 넣을 수 있다.
Tested-by	패치가 원하는 방향으로 테스트 완료되었다는 확인해 주는 것이다.
Reported-by	포럼이나 메일링 리스트에 문제점을 제기한 사람을 Changelog에 남긴다.
Suggested-by	아이디어 제안한 사람의 이름을 Changelog에 남기는 것이다.
CC	패치에 참조자를 남기는 경우에 Changelog에 넣어 준다.

메일링 리스트에 자신의 이메일 주소를 등록하면 다른 개발자의 패치를 볼 수 있다. 어떤 패치는 이러한 내용이 수정되었으면 좋겠다는 의견이 메일로 오가기도 하고 수정이 완료된 시점에는 'Acked-by', 'Reviewed-by' 등으로 의견이 반영되는 것을 확인할 수 있다.

이런 과정을 거쳐 메일을 주고받다 보면 Maintainer가 자신이 관리하는 Git 저장소에 적용되었음을 알려 준다. 소스를 받아보면 자신의 이름으로 된 커밋이 보이는데, 이 커밋은 보통 'linux-next' 브랜치에 적용되고 향후 리누스 토르발스가 관리하는 메인라인 Git에 병합된다.

앞에서 설명했듯이 리눅스 커널에 기여하려는 개발자는 메인라인 Git이 아닌 개발용 'linux-next 브랜치'라는 Git을 사용해야 한다. 물론 Maintainer에게는 대부분 자신의 서브 모듈 소스를 관리하기 위해 linux-next 브랜치보다 먼저 업로드되는 저장소가 따로 있다.

[그림 4-2]를 보면 가장 하단에 많은 개발자가 있고, 개발자가 각 모듈 Maintainer에게 패치를 보낸다. 이 패치는 linux-next 저장소를 거치거나 바로 리누스 토르발스가 관리하는 저장소로 들어간다.

그림 4-2 리눅스 커널 저장소 구조[02]

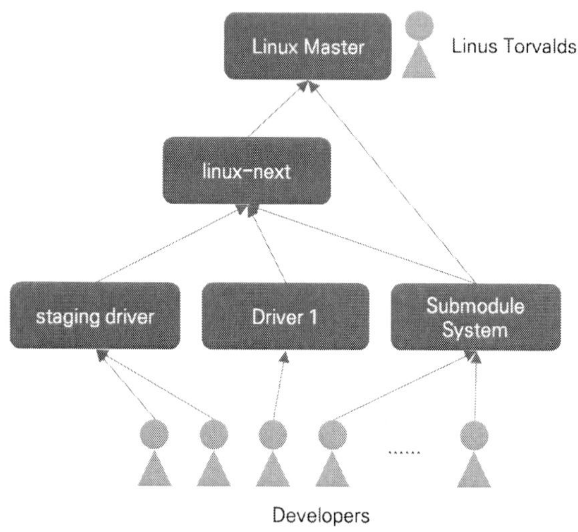

linux-next는 주기적으로 업데이트하고, 리누스 토르발스가 관리하는 릴리스 버전은 2~3개월에 한 번씩 업데이트된다. 저장소는 계층 구조를 이루고 있으며, 각 개발자가 보낸 패치는 그것을 관리하는 모듈의 Maintainer에게 보내져 반영되어 릴리스된다.

패치를 만드는 과정은 다음 장에 자세히 살펴보고 여기서는 메일을 보내고 확인되

---

02 http://techblog.aasisvinayak.com/linux-kernel-development-process-how-it-works/

는 과정을 필자가 처음 패치를 만들어 보낸 과정을 통해 간단히 살펴보겠다.

어느 날 필자는 'mm/bootmem.c'의 buddy allocator를 분석하여 그 내용을 블로그에 남기다가 소스에서 조금 이상한 부분을 발견했다. 이 부분을 수정하고 패치 파일로 만들었는데, 내용은 간단했다. map 변수를 while문에서 매번 설정했었는데, map 변수는 한 번 값을 넣으면 바뀔 일이 없으므로 이를 while문 밖으로 꺼냈다. 이 패치 내용을 'Gmail + Kmail' 클라이언트로 보냈다.

```
From 8baed0442191f87c0c500f124576f3a409c91f25 Mon Sep 17 00:00:00 2001
From: Daeseok Youn daeseok.youn@gmail.com
Date: Thu, 17 Oct 2013 10:22:45 +0900
Subject: [PATCH] mm: unnecessary set a variable in while loop.
Signed-off-by: Daeseok Youn daeseok.youn@gmail.com
mm/bootmem.c |    6 +++---
 1 file changed, 3 insertions(+), 3 deletions(-)
diff --git a/mm/bootmem.c b/mm/bootmem.c
index 6ab7744..0b96fea 100644
--- a/mm/bootmem.c
+++ b/mm/bootmem.c
@@ -172,11 +172,12 @@ void __init free_bootmem_late(unsigned long physaddr,
unsigned long size)
static unsigned long __init free_all_bootmem_core(bootmem_data_t *bdata)
{
struct page *page;
-        unsigned long start, end, pages, count = 0;
+        unsigned long *map, start, end, pages, count = 0;

    if (!bdata->node_bootmem_map)
        return 0
        +    map = bdata->node_bootmem_map;
start = bdata->node_min_pfn;
end = bdata->node_low_pfn;

@@ -184,10 +185,9 @@ static unsigned long __init free_all_bootmem_core(bootmem_
data_t *bdata)
bdata - bootmem_node_data, start, end);

while (start < end) {
-        unsigned long *map, idx, vec;
```

```
+       unsigned long idx, vec;
        unsigned shift;
-       map = bdata->node_bootmem_map;
        idx = start - bdata->node_min_pfn;
        shift = idx & (BITS_PER_LONG - 1);
        /*
--
1.7.9.5
--
```

다음 날 해당 Maintainer에게서 답장이 왔다. 원래 패치 메일을 보낼 때 관련 참조자를 넣지 않으면 처리를 안 해주는데, 이 패치는 사소하지만 명확하므로 이번에는 한 번 봐주겠다는 내용이었다(스크립트에 몇 개의 이메일 주소가 나와 있지만 제일 처음에 있는 이메일 주소로 보냈다). 그래서 '다음에는 꼭 넣도록 하겠다. 미안하다'라는 답변을 보냈고 다음 날 해당 Maintainer가 관리하는 저장소에 필자의 패치가 잘 있다는 이메일 봇의 메시지가 왔다. Maintainer마다 관리 방법과 메시지 방식은 조금씩 다르지만 대개 이러한 방법으로 알려준다.

```
--
From: Andrew Morton <akpm@linux-foundation.org>
To: Daeseok Youn <daeseok.youn@gmail.com>
Subject: Re: [PATCH] mm: unnecessary set a variable in while loop.
Please always cc the relevant mailing list on patches.
I merged this because it was rather obvious and minor.  Normally I
would not have done so.
--
```

다음 메일을 보면, 패치가 우편으로 전달되면서 거쳐 가는 사람들의 도장을 받듯이 'Signed-off-by'가 달려 있다. 처음에 필자가 'Signed-off-by'를 했고, 다음은 Maintainer가 확인하고 자신의 이름을 같은 방식으로 패치에 추가했다. 메일은 필자의 패치가 관리되고 있으며 3~4일 뒤에 'linux-next' 브랜치로 들어간다는 내용이었다.

Subject: + mm-bootmemc-remove-unused-local-map.patch added to -mm tree
To: daeseok.youn@gmail.com
From: akpm@linux-foundation.org
Date: Wed, 16 Oct 2013 13:15:57 -0700

The patch titled
    Subject: mm/bootmem.c: remove unused local `map'
has been added to the -mm tree. Its filename is
    mm-bootmemc-remove-unused-local-map.patch

This patch should soon appear at
    http://ozlabs.org/~akpm/mmots/broken-out/mm-bootmemc-remove-unused-local-map.patch
and later at
    http://ozlabs.org/~akpm/mmotm/broken-out/mm-bootmemc-remove-unused-local-map.patch

Before you just go and hit "reply", please:
    a) Consider who else should be cc'ed
    b) Prefer to cc a suitable mailing list as well
    c) Ideally: find the original patch on the mailing list and do a
       reply-to-all to that, adding suitable additional cc's

*** Remember to use Documentation/SubmitChecklist when testing your code ***

The -mm tree is included into linux-next and is updated
there every 3-4 working days

From: Daeseok Youn <daeseok.youn@gmail.com>
Subject: mm/bootmem.c: remove unused local `map'

Signed-off-by: Daeseok Youn <daeseok.youn@gmail.com>
Signed-off-by: Andrew Morton <akpm@linux-foundation.org>
---

 mm/bootmem.c | 6 +++---
 1 file changed, 3 insertions(+), 3 deletions(-)

diff -puN mm/bootmem.c~mm-bootmemc-remove-unused-local-map mm/bootmem.c
--- a/mm/bootmem.c~mm-bootmemc-remove-unused-local-map
+++ a/mm/bootmem.c
@@ -172,11 +172,12 @@ void __init free_bootmem_late(unsigned l
 static unsigned long __init free_all_bootmem_core(bootmem_data_t *bdata)

```
 {
        struct page *page;
-       unsigned long start, end, pages, count = 0;
+       unsigned long *map, start, end, pages, count = 0;

        if (!bdata->node_bootmem_map)
                return 0;

+       map = bdata->node_bootmem_map;
        start = bdata->node_min_pfn;
        end = bdata->node_low_pfn;
@@ -184,10 +185,9 @@ static unsigned long __init free_all_boo
                bdata - bootmem_node_data, start, end);

        while (start < end) {
-               unsigned long *map, idx, vec;
+               unsigned long idx, vec;
                unsigned shift;

-               map = bdata->node_bootmem_map;
                idx = start - bdata->node_min_pfn;
                shift = idx & (BITS_PER_LONG - 1);
                /*
-

Patches currently in -mm which might be from daeseok.youn@gmail.com are

mm-bootmemc-remove-unused-local-map.patch
---
```

하지만 메인라인에 병합된 것은 거의 한 달 뒤였는데, 릴리스 시점에 한꺼번에 적용되는 듯했다. 이때도 병합이 잘 되었다는 내용의 메일을 받았다. 앞의 메일을 보면 필자가 보낸 소스 내용은 변경되지 않았지만, 커밋의 제목이 변경된 것을 알 수 있다. 이처럼 커밋의 제목을 변경해서 관리하기도 하고 새로 보내 달라고 요청하기도 한다. 이는 요구사항을 확인하고 대처하는 과정을 통해 배워 나가면 된다.

아주 간단한 과정으로 보이지만 처음 수정사항을 찾았을 때 어떻게 보내야 하는지 검색하고 테스트하는 데에만 일주일이 걸렸다. 사실 조금 겁이 나기도 해서 무작정 보내기가 어려웠다. 굉장히 사소한 패치였지만 이 과정을 끝내고 리눅스 커널

소스에 필자 이름의 커밋이 있는 것을 보았을 때 이 일을 계속하고 싶다는 의욕이
생겼다.

4.2 개발자별 커밋 통계 확인

http://www.remword.com/kps_result/를 보면 일정 주기로 커밋 통계를
확인할 수 있다. 메인라인 기준이며 linux-next 브랜치에 들어가는 것은 집계되
지 않는다.

그림 4-3 리눅스 커널 커밋의 통계 화면

Graphic Kernel Evolvement Other View

All the statistic data are analyzed by KPS (Kernel Patch Statistic). In following table, "Employers" column
shows varied types of organizations (including commercial companies, consultants, hobbyists, adademics
and unknown type) contributed how much effort to Linux Kernel. And "Engineers" column shows engineers
contribution rank. If you want to know the development trend during kernel development cycles, you can
check the above link "Graphic Kernel Evolvement".

Request for help: Although I merged some mail addresses which identify one person, and I also identified
some person's employers, I think there must be some miss. If you know, please inform Wang Chen.

AdChoices ▷   ▶ Linux Patch   ▶ Upgrade   ▶ Linux 2.6   ▶ Update

(P:Patchsets, L:Changed Lines, NT:Nation by Patch, NTL:Nation by Lines, SI:Signed-off-by, RP:Reported-by, RV:Reviewed-by, TS:Tested-by, AK:Acked-by, DIR:Directory)

	Employers	Engineers	Other Statistic	
From Apr. 16 2005	P L SI RP RV TS AK DIR	P L NT NTL NTDIR SI RP RV TS AK	Long Tail	-
Linux-3.20(on-going)	P L SI RP RV TS AK DIR	P L NT NTL NTDIR SI RP RV TS AK	Long Tail	First Commit
Linux-3.19(2015-02-08)	P L SI RP RV TS AK DIR	P L NT NTL NTDIR SI RP RV TS AK	Long Tail	First Commit
Linux-3.18(2014-12-07)	P L SI RP RV TS AK DIR	P L NT NTL NTDIR SI RP RV TS AK	Long Tail	First Commit
Linux-3.17(2014-10-05)	P L SI RP RV TS AK DIR	P L NT NTL NTDIR SI RP RV TS AK	Long Tail	First Commit
Linux-3.16(2014-08-03)	P L SI RP RV TS AK DIR	P L NT NTL NTDIR SI RP RV TS AK	Long Tail	First Commit
Linux-3.15(2014-06-08)	P L SI RP RV TS AK DIR	P L NT NTL NTDIR SI RP RV TS AK	Long Tail	First Commit
Linux-3.14(2014-03-30)	P L SI RP RV TS AK DIR	P L NT NTL NTDIR SI RP RV TS AK	Long Tail	First Commit
Linux-3.13(2014-01-19)	P L SI RP RV TS AK DIR	P L NT NTL NTDIR SI RP RV TS AK	Long Tail	First Commit
Linux-3.12(2013-11-03)	P L SI RP RV TS AK DIR	P L NT NTL NTDIR SI RP RV TS AK	Long Tail	First Commit
Linux-3.11(2013-09-02)	P L SI RP RV TS AK DIR	P L NT NTL NTDIR SI RP RV TS AK	Long Tail	First Commit
Linux-3.10(2013-06-30)	P L SI RP RV TS AK DIR	P L NT NTL NTDIR SI RP RV TS AK	Long Tail	First Commit
Linux-3.9(2013-04-28)	P L SI RP RV TS AK DIR	P L NT NTL NTDIR SI RP RV TS AK	Long Tail	First Commit
Linux-3.8(2013-02-18)	P L SI RP RV TS AK DIR	P L NT NTL NTDIR SI RP RV TS AK	Long Tail	First Commit

P: 패치 셋 개수, L: 변경된 라인 수, NT: 국가별 패치 개수, NTL: 국가별 변경된 라인 수
SI: Signed-off-by, RP: Reported-by, RV: Reviewed-by
TS: Tested-by, AK: Acked-by, DIR: 디렉터리

커널 버전 2.6.12(2005-6-17)부터 버전별로 얼마나 패치를 했는지 보여 주는 패
치 셋 개수, 라인 수, 나라, Signed-off, Reviewed, Tested 등의 항목을 집계
한다. 각 항목을 클릭하면 통계를 확인할 수 있는데, 1~10개 사이가 반 이상이다.
패치를 한번 시작하면 조금씩 습관적으로 해 보는 것이 중요하다.

## chapter 5

리눅스 커널의 코딩 스타일 고치기

이번 장은 개발 언어를 배울 때 기본이 되는 'hello world' 예제와 같은 내용을 다룬다. 이 예제를 통해 패치를 만들고 메일로 이를 보낸 후 패치가 어떻게 적용되는지 살펴보겠다.

커널 소스의 가장 간단한 수정은 코딩 스타일을 수정하여 패치를 보내 보는 것이다. 직관적이고 수정이 쉬운 방법이다. 코딩 스타일은 대형 프로젝트에서 관리되는 소스를 여럿이 개발할 때 지켜야 하는 가장 기본적인 규칙이다. 이것은 사소해 보이지만 매우 중요하다. 수정하는 과정을 살펴보고 적용하면서 커널 개발 규칙을 경험해 보자.

> **NOTE 주의!!!**
>
> 코딩 스타일만 수정하는 것은 drivers/staging 디렉터리 하위에 있는 모듈에서만 진행한다. 메인 모듈에 있는 코딩 스타일은 이미 검증이 완료되었다.
>
> 코딩 스타일만 변경해서 패치를 보내는 것은 안 된다. 리눅스 커널은 많은 개발자가 참여하고 있기 때문에 어떤 특정 부분의 코드에 대한 질의나 버그가 발생하여 그 부분의 처리를 요청하고 싶을 때 `git blame` 명령으로 해당 내용을 수정한 사람을 알 수 있다. 하지만 `git blame` 명령은 마지막으로 수정한 사람의 이름만 나오므로 코딩 스타일을 마지막으로 고쳤다면 코드의 로직을 알 수 없어서 혼동이 생길 수 있다.
>
> 이러한 이유로 리눅스 커널의 중요한 서브 시스템(메모리 관리/스케줄러 등)의 코딩 스타일 수정은 받아 주지 않는 경우도 있다. 특정 부분의 로직을 개발한 사람에게 메일을 보내 문제점을 알려야 하는데, 이와 무관하게 코딩 스타일을 고친 사람이 `git blame`으로 확인되어 보고하는 사람에게 혼란을 줄 수 있기 때문이다.
>
> 따라서 코딩 스타일만 변경해서 패치를 보내는 것은 drivers/staging 디렉터리 하위에 있는 모듈에서만 진행하길 바란다. 이 디렉터리 안에서 연습하고 충분히 배운 다음, 관심 있는 리눅스 커널의 서

5.1 개발용 리눅스 커널 브랜치 준비

리눅스 커널 개발은 2장에서 설명했듯이 리누스 토르발스가 관리하는 Git[01]이 아니라 'linux-next'라는 브랜치에서 진행한다. 리눅스 커널에서 개발되는 모든 패치는 Maintainer 각자의 서브 모듈을 위한 Git이 있는데, 이 목록은 https://kernel.googlesource.com/에서 확인할 수 있다.

리눅스 커널 개발을 linux-next 브랜치에서 하는 이유는 다음과 같다. 개발자들이 보낸 패치는 해당 Maintainer가 특정 모듈만을 위한 저장소에 병합하고 하루 정도 뒤에 linux-next 브랜치에 병합한다. linux master 브랜치(리누스 토르발스의 Git)는 릴리스되는 시점에 병합되므로 개발자들이 보낸 많은 패치는 병합되기를 기다리는 상태일 것이다. 이는 지금 만들어진 패치가 다른 개발자의 수정사항이 적용되지 않은 상태로 진행된다는 것을 의미한다. 이때, linux-next 브랜치나 각 Maintainer의 개발 브랜치에 적용하지 못할 수 있으므로 리뷰 자체가 되지 않는다. 그러므로 최신 개발 코드들이 빠르게 업데이트되는 linux-next 브랜치의 사용 방법을 알아두어야 한다.

linux-next 브랜치는 '2.5.1 리눅스 커널 소스 받기'의 개발용 linux-next 브랜치 받기에서 이미 준비가 되었을 것이다. 그럼 리눅스 커널의 코딩 스타일에 관해 알아보고 간단한 수정사항을 리눅스 커널에 반영해 보자.

---

01 https://github.com/torvalds/linux

 리눅스 커널의 코딩 스타일

리눅스 커널의 코딩 스타일은 리눅스 커널 개발을 시작하는 사람들이 꼭 한번 읽어봐야 하는 사항이다. 이 코딩 스타일은 커널 소스의 Documentation 디렉터리의 CodingStyle 파일에 자세히 나와 있다.

5.2.1 들여쓰기

리눅스 커널은 들여쓰기^{Indentation}에 8칸의 탭을 이용한다. 즉, 한 번 들여쓰면 8칸이 들어가고 두 번 들여쓰면 16칸이 들어간다. Vim에서는 set tabstop=8이 되는데, 이때 8은 8byte의 스페이스가 아니라 8byte의 탭이다. 2.5.2 개발 도구 설치와 환경 설정에서 이미 Vim 설정을 했으므로 Vim 편집기로 코드를 수정하면 적용되는 사항이다.

함수의 정의는 맨 앞줄에서 시작하고, 그다음부터는 하나의 탭으로 시작한다. if문, for문 등의 내부 함수의 그다음 라인은 두 번의 탭이 들어간다. switch문의 case 라벨은 들여쓰기를 하지 않으며 break를 사용하지 않으면 반드시 주석으로 이를 알려 줘야 한다. 다음은 switch문을 사용한 코딩 스타일 예로, /* fall through */를 이용해 주석 처리를 했다.

[코딩 스타일 예 – switch문]

```
switch (suffix) {
case 'G':
case 'g':
        mem <<= 30;
        break;
case 'M':
case 'm':
        mem <<= 20;
        break;
case 'K':
case 'k':
        mem <<= 10;
```

```
        /* fall through */
default:
        break;
}
```

5.2.2 긴 줄과 문자열 자르기

코드의 한 줄은 너무 길어서는 안 된다. 리눅스 커널은 들여쓰기를 포함하여 한 줄이 80자를 넘겨서는 안 된다. 물론 강제하는 사항이 아니라서 특정 경우에는 놔두기도 한다. 예를 들어, printk() 함수로 로그를 남길 때 너무 긴 문자열이라 다음 줄로 넘어가게 되면 다음 형태가 된다.

```
printk(KERN_INFO "line over 80 characters"
        "adds next line \n");
```

하지만 이런 경우 'quoted string split across lines'라는 코딩 스타일 오류가 발생한다. 이는 한 문자열을 표현할 때 " "(quote)를 분리하지 않는다는 규칙이다. 따라서 앞의 예제는 80자가 넘어가더라도 다음과 같이 한 줄로 써야 한다.

```
printk(KERN_INFO "line over 80 characters adds next line \n");
```

앞의 예제와 같이 한 줄이 80자가 넘어서 " "로 분리된 코드를 한 줄로 변경하는 패치가 있다.[02] 또한, 불필요하게 긴 문장을 짧게 변경하여 80자를 넘지 않도록 하는 방법도 있다.

5.2.3 중괄호와 공백의 위치

중괄호를 넣는 위치를 알려 준다. 간단한 형태는 함수 뒤에 바로 시작 중괄호({)가

---

02 https://lkml.org/lkml/2014/5/2/380

나오고 내용을 작성한 다음 끝 중괄호(})를 넣는다. switch문은 5.2.1 들여쓰기 예제를 참고하자.

```
if (x is true) {
        we do y
}
```

기본적인 형태는 이와 같지만 예외 상황이 있다. 함수를 새로 만들 때는 다음과 같이 시작 중괄호를 한 줄 밑에 넣고 시작한다.

```
int function(int x)
{
        body of function
}
```

do while문은 while이 끝 중괄호 뒤에 한 칸 띄고 바로 나온다.

```
do {
        body of do-loop
} while (condition);
```

if-else문은 do while문과 비슷하다.

```
if (x == y) {
        ...
} else if (x > y) {
        ...
} else {
        ...
}
```

if-else문의 내부 코드가 한 줄일 때는 시작과 끝 중괄호를 생략해야 한다.

```
if (condition)
        do_this();
else
        do_that();
```

그러나 if-else문에서 어떤 경우는 코드가 여러 줄인데 다른 경우는 코드가 한 줄일 때는 모두 중괄호를 해 줘서 일관성 있게 만들어야 한다.

```
if (condition) {
        do_this();
        do_that();
} else {
        otherwise();
}
```

5.2.4 공백

코드를 작성할 때 공백 사용에서 개발자 각자의 습관 같은 것이 있다. 예를 들어, 함수 괄호 내에 공백을 넣고 변수 이름을 쓰는 것 등이다. 리눅스 커널의 코딩 스타일에서는 어떤지 살펴보자.

- 정의된 함수 즉, if, switch, while, do, for 등을 사용할 때는 함수와 괄호 사이에 공백을 넣지 않는다.

```
s = sizeof(struct file);    // 바른 예
s = sizeof( struct file ); // sizeof의 괄호 안에 공백을 두어서는 안 된다.
```

- 포인터 타입은 '*'를 사용하는데, 이는 변수 이름 앞에 붙여 쓴다.

```
char *linux_banner;
unsigned long long memparse(char *ptr, char **retptr);
char *match_strdup(substring_t *s);
```

- 연산자와 피연산자 사이에는 공백이 있어야 한다.

```
= + - < > * / % | & ^ <= >= == != ? :
```

- '*'를 포인터 연산자로 지정할 때는 공백을 넣지 않는다(앞의 예제 참조). 이에 해당하는 연산자는 다음과 같다.

```
& * + - ~ ! sizeof typeof alignof __attribute__ defined
```

- 증감(++, --) 연산자와 구조체를 참조하는 연산자 '.' 과 '->'는 변수에 붙여 사용한다.
- 한 줄의 마지막에 불필요한 공백은 넣지 않는다.

5.2.5 이름 짓기

지역변수Local Variable는 짧고 명확한 이름을 가져야 한다. 예를 들어, 무작위의 정수형 Loop Counter를 만들 때 보통 'i'를 사용한다.

전역변수Global Variable는 변수명만으로 의미하는 바가 설명되어야 한다. 예를 들어, 활동하고 있는 사용자의 수를 반환하는 전역 함수 이름은 count_active_users ( )처럼 만드는 게 좋고 cntusr ( ) 같은 이름은 좋지 않다.

5.2.6 타입 정의

'vps_t'는 사용하지 말아야 한다.

```
vps_t a;
```

이렇게 사용하는 것보다는 다음과 같이 사용하면 'a'라는 변수가 의미하는 것을 쉽게 알 수 있다.

```
struct virtual_container *a;
```

가독성을 높이기 위해 typedef를 사용하는 경우가 있는데, 실제로는 가독성이 그
닥 높아지지 않으므로 특별한 경우에만 사용해야 한다. typedef를 사용하는 예는
다음과 같다.

- 불명확한 객체일 때 객체가 어떤 형태인지 숨기기 위해 typedef를 사용한다. 예를 들어,
불명확한 객체인 pte_t는 적절한 접근 함수에 의해서만 접근할 수 있다. pte_t 타입[03]
은 메모리를 관리할 때 가상 주소 공간에서 물리적 메모리 주소 공간으로 변환하는 과정
에서 사용된다. 이는 아키텍처마다 다른 사이즈가 설정되고 특정 함수를 통해서만 pte_t
타입 변수의 값을 가져올 수 있게 한다. 이런 방식이 좋지는 않지만, 실제로 많은 아키텍
처에서 이식성 있게 접근할 수 있는 정보가 없는 경우는 typedef를 사용한다.

- integer 타입을 명확하게 한다. typedef로 추상화하면 int와 long 사용의 혼선
을 피할 수 있다. int와 long은 32bit에서는 같은 4byte가 되지만 64bit에서 int는
4byte, long은 8byte가 된다. u8/u16/u32는 typedef의 좋은 예다. 또 다른 예로
unsigned long 타입을 'typedef unsigned long myflags_t;'와 같이 정의하는
것은 좋지 않다. 하지만 myflags_t 타입이 특정 경우에서는 'unsigned int'가 되고,
다른 상황에서는 'unsigned long'이 된다면 typedef를 사용해 분리할 수 있다.

- 명확한 예외적인 상황에서 표준 C99 타입 정의와 동일한 새로운 타입일 때 사용한다.
'uint32_t'와 같은 표준 타입에 익숙해지는 데 시간이 오래 걸리지는 않지만, 이런 타
입의 사용을 원하지 않을 수도 있다. 따라서 표준과 동일하게 인정되는 리눅스에 특화된
'u8/u16/u32/u64' 타입과 이에 대응하는 부호가 있는 타입(signed)을 사용할 수 있
다. 개발자가 자신의 코드를 작성할 때 꼭 지켜야 하는 사항은 아니지만 이미 개발된 코드
에서 이런 타입을 사용하고 있다면 코드의 타입에 따라 개발을 진행해야 한다.

- 사용자 영역[User Space]에서 안전하게 사용할 수 있는 타입일 때 가능하다. 사용자 영역에서
접근할 수 있는 특정 구조체들은 C99 타입을 요구하거나 앞에서 나온 u32를 사용하지
못한다. 따라서 사용자 영역과 공유할 수 있는 모든 구조체 내의 데이터는 __u32와 비슷
한 타입을 사용한다.

기본적으로 typedef를 사용하는 것은 피하는 것이 좋다. 앞에서 설명한 특수한
경우에 명확하게 정의를 내릴 수 있다면 사용해도 되지만, 그렇지 않을 때는 절대

---

03 http://en.wikipedia.org/wiki/Physical_Address_Extension

로 사용해서는 안 된다. 또한, 포인터나 무리 없이 접근할 수 있는 요소를 포함하는 구조체는 typedef를 사용하지 않는다.

5.2.7 함수

함수는 짧고 간단하게, 그 이름이 설명하는 하나의 일만 해야 한다. 함수는 80×24 크기의 ISO/ANSI 스크린을 기준으로 하나 또는 두 페이지 안에 표시될 수 있어야 하며, 한 가지 일만 잘 해낼 수 있도록 개발되어야 한다. 이러한 이유로 함수의 길이는 그 함수가 제대로 된 함수임을 측정하는 방법이 되기도 하다.

함수의 최대 길이는 함수의 복잡도와 들여쓰기 수준에 반비례해야 한다. 개념적으로 간단한 함수지만 다양한 case문을 처리하기 위해 코드 길이가 길어지는 것은 허용된다.

하지만 복잡한 함수를 작성할 때는 고등학생도 이 함수를 보고 이해할 수 있어야 하며 그렇지 못하면 더 나은 방법을 찾아야 한다. 가장 좋은 방법은 보조 함수를 사용하는 것이다(성능이 걱정된다면 컴파일러에 인라인시키자. 직접 처리하는 것보다 컴파일러가 최적화하는 것이 더 나은 성능을 가져올 수 있다).

제대로 된 함수임을 측정하는 다른 방법은 지역변수의 개수다. 지역변수가 5~10개를 넘어서는 안 되고, 그보다 많다면 이미 잘못하고 있는 것이라고 볼 수 있다. 지역변수가 5~10개보다 많다면, 다시 한 번 함수의 구조를 생각해 보고, 더 작게 나누어 보자.

소스 파일에서 각 함수는 하나의 빈 라인을 이용해 구분한다. 함수가 외부에서 사용된다면 EXPORT* 매크로를 이용해 등록한다.

[EXPORT* 매크로 사용 예]

```
int system_is_up(void)
{
        return system_state == SYSTEM_RUNNING;
```

```
}
EXPORT_SYMBOL(system_is_up);
```

함수 원형을 기록할 때는 매개 변수의 타입과 이름을 포함한다. C 언어에서는 이를 꼭 지키지 않아도 된다. 그러나 코드를 읽는 다른 개발자에게 중요한 정보를 제공하기 위한 방법이다.

5.2.8 함수 종료를 위한 처리

일부에서는 goto문 사용을 좋아하지 않지만, 리눅스 커널에서는 자주 사용된다. 예를 들어, 에러 처리를 위한 자원 반납의 반복은 goto문으로 처리한다. 이런 처리가 필요 없는 경우에는 함수를 바로 빠져나갈 수 있도록 return문으로 처리하면 된다. 어떤 경우에 주로 사용되는지 살펴보자.

- 에러 처리를 위한 goto문은 이해하기 쉽고 코드 추적이 쉽다.
- 중첩된 작업을 줄일 수 있다.
- 함수의 변경이 있을 때 종료 처리 내용을 갱신하지 않아도 되므로 추가적인 오류를 방지할 수 있다.
- 여분의 코드 처리를 위해 컴파일러가 해야 하는 최적화 작업량을 줄여 준다.

[goto문 사용 예]

```
int fun(int a)
{
        int result = 0;
        char *buffer = kmalloc(SIZE);

        if (buffer == NULL)
                return -ENOMEM;

        if (condition1) {
                while (loop1) {

                        ...
                }
                result = 1;
                goto out;
```

```
        }
        <중략>
out:
        kfree(buffer);
        return result;
}
```

5.2.9 주석 처리

주석을 쓰는 것은 좋지만, 과도하게 사용되면 문제가 될 수 있다. 절대로 주석 내에 코드가 어떻게 동작하는지 설명하지 않는다. 코드는 하는 일이 명확히 보일 수 있게 작성하는 것이 중요하므로 주석으로 코드를 설명하는 것은 코드를 잘 작성하지 못하였음을 뜻하고 시간낭비가 될 뿐이다.

일반적으로 주석에는 이 코드가 무슨 일을 하는지 설명한다. 또한, 함수 안에 주석을 넣는 것은 최대한 피하자. 주석으로 함수의 복잡성을 해결하려고 한다면 5.2.7 함수로 돌아가 다시 한 번 생각해 보길 바란다. 함수의 일부분에서 똑똑한(혹은 명청한) 일을 수행할 때 짧게 메모나 경고 문구를 추가하는 것은 좋지만, 너무 많지 않게 코드를 작성해야 한다. 이런 경우에는 주석을 함수의 시작 부분에 추가하고, 이 코드가 무엇을 하는지 설명한다. 그리고 가능하다면, 코드가 왜 있는지도 설명하는 것이 좋다.

리눅스 커널에서 주석을 처리하는 방법은 C89 형식인 '/* … */'이다. C99의 '// …' 주석은 사용하지 않는다. 여러 줄의 주석문을 만들 때는 다음과 같이 처리한다.

```
/*
 * This is the preferred style for multi-line
 * comments in the Linux kernel source code.
 * Please use it consistently.
 *
 * Description:  A column of asterisks on the left side,
```

```
 * with beginning and ending almost-blank lines.
 */
```

/net 이나 drivers/net은 주석문이 여러 줄일 경우 조금 다르게 적용된다. 앞의 주석과 비교하여 차이점을 살펴보자.

```
/* The preferred comment style for files in net/ and drivers/net
 * looks like this.
 *
 * It is nearly the same as the generally preferred comment style,
 * but there is no initial almost-blank line.
 */
```

기본 타입인지 파생된 타입인지를 결정하는, 데이터에 대한 주석 처리 또한 중요하다. 그러나 주석을 넣을 수 있는 공간을 확보하기 위해 특정 타입에 추가로 변수를 콤마(,)로 구분해 작성하지는 않는다.

5.2.10 코딩 스타일을 망친 경우

괜찮다. 실수는 누구나 한다. 오랫동안 자신이 사용한 편집기의 속성 때문에 파일이 열리는 순간 indentation 등이 변경될 수 있다. Emac 편집기를 사용한다면 리눅스 커널 소스의 Documation/CodingStyle 9장을 참고하여 설정하면 되고 Vim을 사용한다면 이 책의 2장 개발 환경 설정을 참고하면 된다.

5.2.11 Kconfig 설정 파일

리눅스 커널 소스의 모든 Kconfig* 설정 파일이 사용하는 들여쓰기 규칙은 일반 C 소스와는 다르다. config 정의에 추가되는 라인은 한 개의 탭으로 들여쓰기를 하고, 이에 대한 도움말은 추가 탭 없이 두 개의 공백을 추가해 들여쓰기를 한다.

config 아래에 있는 bool, depends, help 앞에는 탭 하나가 있고, help 아래의

문장은 공백 두 개가 들어가 있는 형태다.

```
config AUDIT
        bool "Auditing support"
        depends on NET
        help
          Enable auditing infrastructure that can be used with another
          kernel subsystem, such as SELinux (which requires this for
          logging of avc messages output).  Does not do system-call
          auditing without CONFIG_AUDITSYSCALL.
```

어떤 파일 시스템에 대한 쓰기 지원과 같은 매우 위험한 설정은 프롬프트 문자열 내에 경고를 넣어야 한다.

```
config ADFS_FS_RW
        bool "ADFS write support (DANGEROUS)"
        depends on ADFS_FS
        ...
```

설정에 대한 자세한 사항은 Documentation/kbuild/kconfig-language. txt 파일을 살펴보길 바란다.

5.2.12 자료 구조

자료 구조는 참조 횟수를 관리해야 한다. 리눅스 커널은 가비지 컬렉션이 없으며 (리눅스 커널 외부의 가비지 컬렉션 기능은 느리고 비효율적이다) 모든 참조 횟수^{Reference Count}를 반드시 관리해야 한다.

참조 횟수를 관리한다는 것은 락^{Lock} 사용을 피할 수 있고, 여러 사용자가 해당 자료 구조에 병렬로 접근할 수 있다는 의미다. 다른 일을 하거나 잠시 잠들어 있는 경우에 해당 자료 구조가 더는 사용되지 않아 없어질 것을 걱정하지 않아도 된다.

하지만 락 사용이 참조 횟수 관리를 대체하는 것이 아니다. 락은 자료 구조를 일관성 있게 관리하기 위한 방법이고, 참조 횟수 관리는 메모리 접근을 관리하는 기법이다. 일반적으로 두 관리 기법이 모두 필요하다.

대다수의 자료 구조체는 참조 횟수 관리에 두 단계가 있다. 이는 서로 다른 클래스를 가진다. 하위 클래스(상위 내에 포함되는)의 참조 횟수를 증가 또는 감소하다가 하위 클래스의 사용자가 0이 되면 상위 클래스의 참조 횟수를 하나씩 감소하는 방식으로 운영된다.

5.2.13 Macro, Enum 그리고 RTL

상수를 정의하는 매크로와 열거형 안의 라벨은 대문자로 표기한다.

```
#define CONSTANT 0x12345
```

여러 개의 연관된 상수를 정의할 때는 Enum을 사용하는 것이 좋다. 예를 들어, 미디어의 재생 상태를 열거형으로 만든다면 다음처럼 만들 수 있다.

```
enum {
    READY = -1,
    STOP,
    PLAY,
    PAUSE,
    RESUME,
    ERROR
}
```

매크로는 대문자로 사용하는 것이 일반적이지만, 함수의 의미로 사용하는 것은 소문자로 표기될 수 있다. 매크로는 문자열 치환이므로 함수의 형태를 나타내는 매크로를 작성할 때는 주로 인라인^{inline}으로 작성한다.

여러 문장으로 이루어진 매크로는 do-while문으로 감싸는 것이 좋다. 이는 매크로를 사용했을 때 중괄호로 다시 감싸주지 않으면, 의도했던 것과는 다른 결과를 얻을 수 있기 때문이다.[04]

```
#define macrofun(a, b, c)                       \
        do {                                    \
                if (a == 5)                     \
                        do_this(b, c);          \
        } while (0)
```

매크로 함수를 사용할 때 다음을 주의해야 한다.

- **제어 흐름에 영향이 있을 때** : 다음 코드는 매크로를 FOO(x)로 사용한 코드다. blah( ) 함수에 의해 강제 반환되어 실제 다른 개발자가 코드를 읽고 실행하는 과정에서 제어의 흐름이 바뀌는 경우가 있다. 그러나 코드를 읽는 과정에서는 그것을 판단하기가 쉽지 않다. 이 경우 코드를 읽는 개발자에게 혼란을 줄 수 있다.

```
#define FOO(x)                                  \
        do {                                    \
                if (blah(x) < 0)                \
                        return -EBUGGERED;      \
        } while(0)
```

- **특별한 이름의 지역 변수에 의존하는 매크로** : index는 자주 쓰이는 변수 이름이라서 잘못된 결과가 나올 수 있다. 즉, FOO(val)이 bar(index, val)로 치환이 되었을 때 지역변수 index를 다른 의도로 사용했지만, bar의 매개변수로 이용될 수도 있다.

```
#define FOO(val) bar(index, val)
```

- **매개 변수가 있는 매크로를 l-value로 사용할 때** : FOO(x) = y;가 있을 때 누군가가 FOO를 인라인 함수로 변경하면 문제가 생길 것이다.

---

04 이 부분에 관한 자세한 내용은 필자의 블로그(http://woodz.tistory.com/68)에서 확인할 수 있는데, 이는 do-while 관련 글(http://kernelnewbies.org/)을 번역한 내용이다.

- **우선순위가 있을 때** : 수식과 함께 정의하는 매크로는 다음처럼 반드시 수식을 괄호로 감싸줘야 한다.

```
#define CONSTANT 0x4000
#define CONSTEXP (CONSTANT | 3)
```

C++ 매뉴얼에는 매크로 처리에 관한 내용이 자세히 나와 있고, GCC 내부 매뉴얼에도 커널의 어셈블리와 자주 사용되는 RTL 관련 내용을 다루고 있으므로 이를 참고하기 바란다.

5.2.14 커널 메시지 출력

커널 개발자는 텍스트로 보이는 것을 좋아한다. 이들에게 좋은 인상을 남기기 위해서는 커널 메시지의 철자에 주의를 기울여야 한다. 예를 들어, 'dont'와 같은 약어를 사용하지 말고 'do not'이나 'don't'를 사용하자. 메시지는 간결하고 명확해야 하며 의미가 모호해서는 안 된다.

커널 메시지는 마침표로 끝나서도 안 된다. 또한, 괄호 안에 숫자를 출력하는 '(%d)'는 아무런 가치가 없으므로 사용하지 않는 게 좋다.

⟨linux/device.h⟩에는 드라이버 모델 진단을 위한 여러 매크로가 있는데, 메시지가 장치와 드라이버에 맞는지, 적절한 수준^{level}으로 출력되는지 확인하는 매크로다. 예를 들어, dev_err ( ), dev_warn ( ), dev_info ( ) 등이 있다. 특정 장치와 관련 없는 메시지들은 ⟨linux/kernel.h⟩에 정의되어 있는 pr_err ( ), pr_warn ( ), pr_info ( ) 등이 사용된다. dev_xxx ( )는 device 구조체를 받아 어떤 디바이스에 의존하는 출력인지 알려 주고, pr_xxx ( )는 printk ( )와 비슷한 방식으로 사용되니 유의하길 바란다.

좋은 디버깅 메시지를 추가하는 것은 꽤나 도전적인 작업이다. 하지만 일단 좋은 메시지를 추가하는 작업이 완료되면, 이후 디버깅에 큰 도움이 된다. 디버깅 메시지 출력은 디버깅 메시지가 아닌 경우와 다르게 처리될 수 있다. pr_xxx ( ) 관련 함수를 사용하면 무조건 출력되지만 pr_dbg ( )는 다르다(기본 설정으로는 컴파일할 때 포함되지 않는다). CONFIG_DYNAMIC_DEBUG 커널 옵션이 추가되거나 DEBUG가 정의되어 있다면 추가된다.

많은 리눅스 서브 시스템은 컴파일할 때 –DDEBUG 정의로 디버그 속성이 포함되는데, 이를 통해 디버그 관련 출력 함수가 동작하게 된다.

5.2.15 메모리 할당

리눅스 커널에서 일반적인 메모리 할당을 위해 제공하는 함수들이 있는데, Kmalloc ( ), kzalloc ( ), kmalloc_array ( ), kcalloc ( ), vmalloc ( ), vzalloc ( )이 이에 해당한다. 자세한 정보는 API 문서를 참고하거나 검색해 보길 바란다. 사용 방법은 다음과 같다.

```
p = kmalloc(sizeof(*p), ...);
```

kmalloc ( )의 첫 번째 인자로 크기가 들어가는데, 여기에 구조체의 이름을 넣는 것이 일반적이다. 하지만 이는 가독성을 해칠 뿐만 아니라 포인터 변수의 타입 변경이 있을 때 맞지 않는 크기의 메모리를 할당하여 잠재적인 버그를 만들 수 있다.

void 포인터인 반환값을 형변환casting하는 것은 불필요한 작업이다. 이는 C 언어에서 보장해 주므로 신경 쓰지 않아도 된다. 물론 이를 위한 패치를 만들어도 좋다.

배열 포인터를 할당받는 방법은 다음과 같다.

```
p = kmalloc_array(n, sizeof(...), ...);
```

0으로 초기화된 메모리를 얻고 싶으면 다음과 같이 사용하면 된다.

```
p = kzalloc(sizeof(...), ...);
```

기존 kcalloc ( )을 사용하지 않았을 때 할당받은 메모리를 0으로 초기화하는 작업을 memset으로 진행했는데, 이를 kzalloc ( )으로 사용하면 0으로 초기화된 메모리를 할당해 준다.

5.2.16 인라인 문제

GCC의 인라인 기능을 '더 빠르게 만들어 줘'라는 의미로 잘못 이해하는 경우가 많다. 인라인 기능은 매크로 사용을 교체하는 방식으로 사용될 수 있지만, 대부분 사용되지 않는다. 인라인은 커널의 코드 크기를 증가시키고 시스템을 멈출 정도로 느려지게 만들 수도 있다. 인라인을 사용하면 CPU를 위한 명령어 캐시의 사용량이 늘어나고 시스템의 페이지 캐시를 위한 메모리를 부족하게 만들기 때문이다. 한 번의 페이지 캐시 미스는 디스크 탐색을 의미하고, 이 때문에 약 5ms의 시간이 추가로 든다. 5ms면 매우 많은 CPU 처리가 가능한 시간이다.

종종 개발자끼리 'static으로 정의되고 오직 한 번만 호출되는 함수를 인라인화하는 것'에 관해 논쟁을 벌인다. 기술적으로는 맞지만 GCC는 인라인을 주지 않아도 알아서 처리할 수 있는 능력이 있다.

5.2.17 함수의 반환값과 이름

함수의 반환값은 매우 다양하게 사용된다. 가장 일반적인 예로, 함수의 코드가 성공하거나 실패하는 경우에 반환하는 값이 있다. 이때 성공하면 0을 반환하고 실패하면 리눅스 커널에 정의된 -EXXXXX 값을 반환하여 이를 알려 준다. 또는, 성공은 1, 실패는 0으로도 반환된다

이런 두 종류의 표현을 사용할 때 규칙이 필요하다. 그래서 리눅스 커널은 함수의 이름이 동작이나 명령을 나타내면 실패 시 -EXXXXX와 같은 정수형을 반환하고, 어

떤 사실을 알려 주는 경우에는 1/0(참/거짓)으로 반환한다.

예를 들어, add work는 명령이므로 add_work( ) 함수 성공에는 0을, 실패에는 -EBUSY를 반환한다. PCI device present는 사실을 확인하는 것이므로 pci_dev_present( ) 함수는 성공 시 1, 실패 시 0을 반환하도록 작성한다.

작성된 코드 파일에서 외부 참조 가능한(EXPORTed) 모든 함수는 이 관례를 따라야 하며, 다른 공개된(public) 함수들도 마찬가지다. 내부 파일에서만 사용되는 정적 함수들은 이 관례를 따를 필요는 없지만, 일관성 있게 진행하는 것이 좋다.

계산의 성공 여부가 아닌 실제 계산 결과를 반환하는 함수들은 이 규칙을 따를 필요는 없다. 일반적으로 이러한 함수들은 정상적인 결과의 범위를 벗어나면 오류(out-of-range error)를 반환한다. 이러한 함수들의 전형적인 예는 포인터를 반환하는 함수들이다. 이러한 함수들은 NULL 또는 ERR_PTR( )로 실패를 알려 준다.

5.2.18 매크로를 다시 개발하지 않기

개발자가 사용할 수 있는 매크로는 보통 include/linux/kernel.h 파일에 있다. 이는 재구성해 비슷한 것을 만들어 사용하지 않고 그대로 이용하면 된다. 예를 들어, 배열의 길이를 계산해야 한다면 다음 매크로를 사용한다.

```
#define ARRAY_SIZE(x) (sizeof(x) / sizeof((x)[0]))
```

또는 어떤 구조체 안의 멤버 크기를 계산해야 한다면 다음 매크로를 이용한다.

```
#define FIELD_SIZEOF(t, f) (sizeof(((t*)0)->f))
```

엄격한 타입 확인과 함께 제공되는 min( )과 max( ) 매크로도 있다. 필요한 매크로가 헤더 파일에 있는지 살펴보고 이용할 수 있는 매크로라면 재구성하지 않도록 하자.

5.2.19 인라인 어셈블리

특정 아키텍처에 의존적인 코드(CPU 또는 플랫폼 기능)를 인터페이스(interface)하기 위한[05] 인라인 어셈블리를 만들어야 할 때가 있다. 필요하다면 주저하지 말고 진행하면 된다. 하지만 C 언어로도 가능한 일을 이유 없이 어셈블리로 작성할 필요는 없다.

인라인 어셈블리의 공통 비트는 반복적으로 사용하지 말고 이것을 감싸고 있는 헬퍼Helper 함수를 만드는 것을 고려해 본다. 인라인 어셈블리는 C에서 사용되는 매개변수를 사용할 수 있다. 크고 사소하지 않은 어셈블리는 .S 파일을 만들어야 하고, 이에 대응되는 C 함수 원형은 C 헤더 파일에 정의해 사용한다. 이때, C 함수 원형에는 asmlikage라는 키워드를 사용하는데, GCC가 어떠한 경고도 없이 인라인 어셈블리를 제거(GCC 최적화)하는 것을 방지하려면 asm문을 volatile로 지정한다.

여러 개의 명령어로 구성된 인라인 어셈블리를 작성할 때 각 명령어는 한 라인 단위로 따옴표(")를 이용해 구분하며, 라인의 마지막에는 '\n\t'를 넣고 다음 라인을 시작한다.

```
asm ("magic %reg1, #42\n\t"
        "more_magic %reg2, %reg3"
        : /* outputs */ : /* inputs */ : /* clobbers */);
```

5.2.20 조건 컴파일

가능하다면 C 파일 내에서는 전처리문preprocessor를 사용하지 말자. #if, #ifdef

---

[05] 아키텍처 의존적인(interrupt 활성화, kernel thread stack 접근 등) 어셈블리 코드를 C 레벨에서 사용한다는 의미다. 예를 들어, 각 아키텍처들의 interrupt 활성/비활성 명령(instruction) 코드가 다르므로 어셈블리 코드로 만들어 놓고 같은 enable_interrupt() 같은 것으로 C 레벨에서 호출되는 경우다.

는 로직을 이해하거나 코드 읽기를 어렵게 만든다. 이 대신에 .c 파일에서 사용할 수 있게 관련 헤더 파일에 정의하여 사용하자. #else문으로 아무것도 하지 않는 버전의 함수를 만들어 제공하고, 이 함수 호출은 무조건 .c 파일에서 하게 한다. 이렇게 하면 컴파일러는 아무것도 하지 않는 코드를 생산하지 않아도 같은 결과를 얻을 수 있고, 로직도 이해하기 쉬워진다.

전처리문으로 함수의 일부만을 처리하지 말고 함수 단위 전체를 감싼다. 특정 식을 #ifdef로 감싸는 것보다 일부 또는 전체를 헬퍼 함수로 이동하고 이 함수를 전처리문으로 감싸서 진행하면 좋다.

특정 설정 때문에 사용되지 않은 함수나 변수가 있거나 컴파일러가 이 정의가 사용되지 않는다고 경고한다면 해당 정의를 __maybe_unused를 사용해 전처리기에 알려 준다(하지만 전혀 필요 없는 함수라면 지우는 게 좋다). IS_ENABLED 매크로로는 Kconfig 심벌을 C Boolean 타입으로 변경해 주는데, C 내부에서 다음과 같이 사용한다.

```
if (IS_ENABLED(CONFIG_SOMETHING)) {
    …
}

if (IS_ENABLED(CONFIG_SOMETHING)) {
    …
}
```

컴파일러는 상수 계산^{Constant-folding06}의 코드 블록을 #ifdef로 감싼 다음 선택적으로 사용하는데, 이로 인해 실행시간^{runtime}에 오버헤드 없이 실행할 수 있다. 하지만 이런 접근은 C 컴파일러가 코드 블록 내부를 검사해야 하므로(syntax, type, 심벌 참조 등) 실제 사용되는 코드 블록에서도 #ifdef를 사용해 해당 코드를 컴파일

---

06 특정 식의 결과값을 미리 계산하여 상수가 나온다면 컴파일러가 미리 계산하여 적용한다.

할 때 감춰 버리는 것이 좋다. 즉, #ifdef를 정의와 사용되는 부분에 일관성 있게 넣어 줘야 한다.

중요한 #if 또는 #ifdef 블록은 주석을 #endif 바로 뒤에 작성한다.

```
#ifdef CONFIG_SOMETHING
…
#endif /* CONFIG_SOMETHING */
```

#ifdef와 #if는 중복해서 쓰는 경우가 많아서 이 방식으로 어떤 define의 블록인지 표시하는 것이 좋다.

코딩 스타일의 기본 사항을 숙지하면 좋지만 힘들게 외울 필요는 없다. 개발을 진행하면서 차차 알아가면 된다.

5.3 코딩 스타일 고치기

5.3.1 수정할 코드 찾기

코딩 스타일을 고치는 연습을 하기 위해 어떤 코드를 수정할지 선택해야 하는데, 대부분 코딩 스타일을 잘 지켜서 수정할 코드를 찾기가 쉽지 않다.

새로운 드라이버 모듈이 추가될 때 보통 staging 디렉터리 아래에 두는데, 해당 모듈은 수정이 완료되면 staging 디렉터리를 벗어나 driver 하위의 적절한 디렉터리로 이동한다.[07] 따라서 이 staging 디렉터리 안에 있다는 것은 코드에 고쳐야 할 부분이 많다는 것을 의미한다.

driver/staging 디렉터리를 살펴보자. [그림 5-1]과 같이 많은 모듈이 있는데,

---

07 디렉터리 이동의 예로는 zram 드라이버가 staging에서 개발되다가 driver/block/zram으로 이동한 경우가 있다(http://lwn.net/Articles/574882/).

이 중에서 하나씩 살펴보고 고르거나 고르기 어려우면 최근에 수정이 많은 드라이버를 본다. staging 관련 메일링 리스트에서 활발히 수정되고 있는 모듈을 살펴보는 것도 좋다(메일링 리스트 가입 방법은 7장을 참고한다).

그림 5-1 staging 디렉터리의 모듈 목록

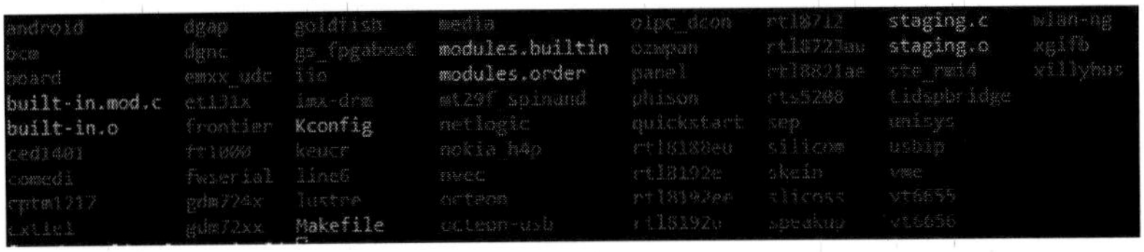

```
android          dgap        goldfish     media              oipc_dcon     rt18712      staging.c       wlan-ng
bcm              dgnc        gs_fpgaboot  modules.builtin    ozwpan        rt18723au    staging.o       xgifb
board            emxx_udc    iio          modules.order      panel         rt18821ae    ste_rmi4        xillybus
built-in.mod.c   et131x      imx-drm      mt29f_spinand      phison        rts5208      tidspbridge
built-in.o       frontier    Kconfig      netlogic           quickstart    sep          unisys
ced1401          rtl8060     keucr        nokia_h4p          rtl8188eu     silicom      usbip
comedi           fwserial    line6        nvec               rtl8192e      skein        vme
cptm1217         gdm724x     lustre       octeon             rtl8192ee     slicoss      vt6655
extlel           gdm72xx     Makefile     octeon-usb         rtl8192u      speakup      vt6656
```

다음 명령으로 가장 활발하게 수정되는 모듈을 찾는다. 보통 패치 제목에는 모듈의 이름이 적혀 있다. 예를 들어, 'staging: dgap:'으로 시작한다면 drivers/staging/dgap에서 수정이 있다는 의미다.

```
$ git log drivers/staging/
```

아무 파일이나 선택해도 상관없지만 지속적으로 패치를 개발할 생각이라면 코딩 스타일을 확인했을 때 error나 warning을 많이 포함하고 있거나 자신이 관심 있는 분야의 드라이버를 선택하는 것이 좋다. 여기서는 최근에 수정이 많았던 드라이버 소스 중 다양한 warning을 출력하는 drivers/staging/rts5280/rtsx_chip.c 파일을 선택해 설명하겠다.

5.3.2 코딩 스타일 확인하기

리눅스 커널 소스에서는 코딩 스타일을 확인할 수 있는 도구(checkpatch.pl)를 제공한다. 이는 새로 만든 패치가 코딩 스타일을 잘 지켰는지 확인하는 용도인데, 파일 자체를 확인할 때도 쓸 수 있다.

다음 명령으로 실행하는데, 이때 -f는 파일 옵션이므로 새로 만든 패치의 코딩 스타일을 확인할 때는 -f 옵션 없이 진행한다.

```
$ ./scripts/checkpatch.pl -f drivers/staging/rts5280/rtsx_chip.c
```

명령을 실행하면 소스 코드의 코딩 스타일에서 문제점을 찾아 error, warning, info별로 출력한다. 이 파일에서는 warning만 24개가 나왔다.


```
WARNING: line over 80 characters
#290: FILE: drivers/staging/rts5208/rtsx_chip.c:290:
+                                        retval = rtsx_write_cfg_dw(chip, 2,
0xC0, 0xFF, chip->aspm_l0s_l1_en);

WARNING: line over 80 characters
#309: FILE: drivers/staging/rts5208/rtsx_chip.c:309:
+                                        retval = rtsx_write_cfg_dw(chip, 2,
0xC0, 0xFF, chip->aspm_l0s_l1_en);

WARNING: line over 80 characters
#311: FILE: drivers/staging/rts5208/rtsx_chip.c:311:
+                                        retval = rtsx_write_cfg_dw(chip, 1,
0xC0, 0xFF, chip->aspm_l0s_l1_en);

WARNING: Missing a blank line after declarations
#379: FILE: drivers/staging/rts5208/rtsx_chip.c:379:
+                                u16 reg;
+                                retval = rtsx_read_phy_register(chip, 0x00,

WARNING: Missing a blank line after declarations
#504: FILE: drivers/staging/rts5208/rtsx_chip.c:504:
+                u8 tmp = (u8)(sd_speed_prior >> (i*8));
+                if ((tmp < 0x01) || (tmp > 0x04)) {

<중략>

WARNING: Missing a blank line after declarations
#1796: FILE: drivers/staging/rts5208/rtsx_chip.c:1796:
+                                u16 val = chip->aspm_l0s_l1_en | 0x0100;
+                                if (CHECK_PID(chip, 0x5288))

WARNING: void function return statements are not generally useful
#1806: FILE: drivers/staging/rts5208/rtsx_chip.c:1806:
+        return;
```

```
total: 0 errors, 24 warnings, 1979 lines checked

drivers/staging/rts5208/rtsx_chip.c has style problems, please review.

If any of these errors are false positives, please report
them to the maintainer, see CHECKPATCH in MAINTAINERS.
```

이 파일은 코딩 스타일을 3종류로 나눠서 수정할 수 있다. 24개의 warning을 한 번에 수정해도 되지만 여러 종류의 코딩 스타일을 한 번에 수정해서 하나의 패치로 전달하면 받아주질 않는다. 코딩 스타일이 3종류이므로 3개의 패치로 나누어서 만들어야 한다.

첫 번째 'WARNING: line over 80 characters'는 말 그대로 한 줄이 80자가 넘었으니 라인 브레이크로 예쁘게 잘 만들어 달라는 의미고, 두 번째 'WARNING: Missing a blank line after declarations'는 변수 선언 뒤에는 한 줄을 추가해 달라는 의미다. 마지막으로 'WARNING: void function return statements are not generally useful'는 반환형이 'void'인 함수의 마지막 부분에 없어도 되는 'return;'이 있으니 이를 지우는 것이 좋다는 내용이다.

5.3.3 코딩 스타일 수정하기

앞에서 찾은 문제를 하나씩 해결해 보자. 먼저 가장 간단한 세 번째 문제부터 시작하자. 이 함수는 반환값이 'void' 타입인데 마지막에 굳이 'return;'을 넣었다. 이를 제거하자. 같은 파일의 1831라인(checkpatch.pl 스크립트가 알려준 같은 warning 메시지의 줄 번호다. 각자 스크립트를 실행하면 줄 번호가 달라질 수도 있다)에도 있으니 같이 제거한다.

[drivers/staging/rts5280/rtsx_chip.c]

```
void rtsx_enable_aspm(struct rtsx_chip *chip)
{
```

```c
        if (chip->aspm_l0s_l1_en && chip->dynamic_aspm) {
                if (!chip->aspm_enabled) {
                        RTSX_DEBUGP("Try to enable ASPM\n");
                        chip->aspm_enabled = 1;

                        <중략>

                        if (CHK_SDIO_EXIST(chip)) {
                                u16 val = chip->aspm_l0s_l1_en | 0x0100;
                                if (CHECK_PID(chip, 0x5288))
                                        rtsx_write_cfg_dw(chip, 2, 0xC0,
                                                        0xFFFF, val);
                                else
                                        rtsx_write_cfg_dw(chip, 1, 0xC0,
                                                        0xFFFF, val);
                        }
                }
        }
        return;     // 이 부분을 제거한다.
}
```

수정한 후 파일을 저장하고 편집기를 빠져나온 다음 셸에 다음 명령을 입력하면 수정한 내역이 출력된다. 다시 checkpatch.pl을 실행하면 'WARNING: void function return statements are not generally useful'은 보이지 않는다.

```
$ git diff
diff —git a/drivers/staging/rts5208/rtsx_chip.c b/drivers/staging/rts5208/rtsx_chip.c
index 7907e93..5a0dfaf 100644
— a/drivers/staging/rts5208/rtsx_chip.c
+++ b/drivers/staging/rts5208/rtsx_chip.c
@@ -1802,8 +1802,6 @@ void rtsx_enable_aspm(struct rtsx_chip *chip)
                        }
                }
        }
-
-        return;
 }
```

```
               void rtsx_disable_aspm(struct rtsx_chip *chip)
@@ -1827,8 +1825,6 @@ void rtsx_disable_aspm(struct rtsx_chip *chip)
                                 wait_timeout(1);
                        }
               }
-
-               return;
 }

 int rtsx_read_ppbuf(struct rtsx_chip *chip, u8 *buf, int buf_len)
```

이제 커밋해 보자. `git commit` 명령을 실행할 때 `-s` 옵션을 주면 'Signed-off-by'를 자동으로 넣어준다. 이 부분이 없으면 패치를 다시 보내야 하므로 꼭 이 옵션을 넣는다.

```
$ git add drivers/staging/rts5208/rtsx_chip.c
$ git commit -s
```


파일의 맨 윗 줄은 제목이다. 제목의 첫 단어는 'staging:', 다음은 모듈 이름인 'rts5280:'으로 넣고 그다음 실제 제목을 적는다. 제목을 적은 후에는 반드시 한 줄을 띄어줘야 한다. 패치의 body에는 'checkpatch warning을 정리했다'는 내용만 적어 주면 완성된다. 'Untracked files:' 부분에 두 파일이 있는데, 빌드할 때 나온 산출물이므로 신경 쓰지 않아도 된다. 저장 명령인 ':wq'를 입력해 저장하고 빠져나온다.

[rtsx_chip.c]

```
staging: rts5280: remove "return" statement in void function

clean up checkpatch warning:
WARNING: void function return statements are not generally useful
```

Signed-off-by: Daeseok Youn daeseok.youn@gmail.com

```
# Please enter the commit message for your changes. Lines starting
# with '#' will be ignored, and an empty message aborts the commit.
# On branch dgap_cleanup
# Changes to be committed:
#   (use "git reset HEAD <file>..." to unstage)
#
#       modified:   drivers/staging/rts5208/rtsx_chip.c
#
# Untracked files:
#   (use "git add <file>..." to include in what will be committed)
#
#       arch/x86/vdso/vdso-syms.lds
#       arch/x86/vdso/vdso32-syms.lds
```

다음으로는 'WARNING: Missing a blank line after declarations'을 해결해 보자. 친절하게도 줄 번호를 알려주니 해당 줄로 가서 한 줄만 띄어 주면 끝이다.

모든 줄을 붙여넣지 않고 한 가지 경우만 수정해 보겠다(주석 참고). 같은 방식으로 모든 줄에 한 줄씩 추가하면 된다.

```
if (chip->ic_version >= IC_VER_D) {
                u16 reg;    // <= 이 부분 아래에 한 줄을 추가한다.
                retval = rtsx_read_phy_register(chip, 0x00,
                                        &reg);
                if (retval != STATUS_SUCCESS)
                        TRACE_RET(chip, STATUS_FAIL);
```

같은 방법으로 git add & git commit -s를 실행하고 제목과 내용을 적절히 넣는다. 수정하면 줄 번호가 변경되니 주의한다.

줄을 추가하다 보니 이상한 부분이 발견되었다. 확인해 보니 val을 rtsx_read_config_byte ( )의 인자로만 넣고 실제로는 사용하지 않는다.

```
WARNING: Missing a blank line after declarations
#865: FILE: drivers/staging/rts5208/rtsx_chip.c:865:
+               u8 val;
+               rtsx_read_config_byte(chip, 0, &val);
================================================================
866             if (chip->polling_config) {
867                     u8 val;
868                     rtsx_read_config_byte(chip, 0, &val);
869             }
```

꼭 필요한지 살펴보니 매크로로 정의된 함수다. 다음 함수에서 type *value 로 들어가는 부분인데, 실제 사용하는 부분이 *value = (type)data로 쓰이니 인자로 꼭 넣어 줘야 한다. 하지만 읽고 나서 실제로 사용하지 않는다(이는 타이밍 문제거나 한 번 읽기를 해야 다음 동작이 정상적으로 되는 등의 이유에서일 것이다)

```
#define PCI_OP_READ(size,type,len) \
int pci_bus_read_config_##size \
(struct pci_bus *bus, unsigned int devfn, int pos, type *value) \
{                                                               \
        int res;                                                \
        unsigned long flags;                                    \
        u32 data = 0;                                           \
        if (PCI_##size##_BAD) return PCIBIOS_BAD_REGISTER_NUMBER;    \
        raw_spin_lock_irqsave(&pci_lock, flags);                    \
        res = bus->ops->read(bus, devfn, pos, len, &data);          \
        *value = (type)data;                                        \
        raw_spin_unlock_irqrestore(&pci_lock, flags);           \
        return res;                                             \
}
```

이런 경우에는 그냥 라인을 추가해서 구분해 줄 필요가 없으므로 그냥 넘어간다(앞의 코드에서 867라인). 나머지는 정상적으로 하면 된다. 물론 다른 부분도 의심스럽다면 하지 않아도 무방하지만, 만들고 보낸 뒤에 Reviewer들의 코멘트에 따라 행동하는 것도 좋다.

수정한 후에 git add drivers/staging/rts2508/ && git commit -s 명령을 실행하면 다음 패치가 된다.

```
staging: rts5208: add missing blank lines after declarations
clean up checkpatch warning:
WARNING: Missing a blank line after declarations
Signed-off-by: Daeseok Youn daeseok.youn@gmail.com
# Please enter the commit message for your changes. Lines starting
# with '#' will be ignored, and an empty message aborts the commit.
# On branch dgap_cleanup
# Changes to be committed:
#   (use "git reset HEAD <file>..." to unstage)
#
#       modified:   drivers/staging/rts5208/rtsx_chip.c
```

패치를 처음 하는 것이므로 diff의 내용도 넣는다.

```
diff —git a/drivers/staging/rts5208/rtsx_chip.c b/drivers/staging/rts5208/
rtsx_chip.c
index 5a0dfaf..3640fd8 100644
— a/drivers/staging/rts5208/rtsx_chip.c
+++ b/drivers/staging/rts5208/rtsx_chip.c
@@ -376,6 +376,7 @@ int rtsx_reset_chip(struct rtsx_chip *chip)
                        if (chip->ic_version >= IC_VER_D) {
                                u16 reg;
+
                                retval = rtsx_read_phy_register(chip, 0x00,
                                                                &reg);
                                if (retval != STATUS_SUCCESS)
@@ -501,6 +502,7 @@ static inline int check_sd_speed_prior(u32 sd_speed_prior)
        for (i = 0; i < 4; i++) {
                u8 tmp = (u8)(sd_speed_prior >> (i*8));
+
                if ((tmp < 0x01) || (tmp > 0x04)) {
                        fake_para = 1;
                        break;
```

<중략>

```
@@ -1128,6 +1133,7 @@ void rtsx_stop_cmd(struct rtsx_chip *chip, int card)
        for (i = 0; i <= 8; i++) {
                int addr = RTSX_HCBAR + i * 4;
                u32 reg;
+
                reg = rtsx_readl(chip, addr);
                RTSX_DEBUGP("BAR (0x%02x): 0x%08x\n", addr, reg);
        }
<중략>
@@ -1793,6 +1801,7 @@ void rtsx_enable_aspm(struct rtsx_chip *chip)
                if (CHK_SDIO_EXIST(chip)) {
                        u16 val = chip->aspm_l0s_l1_en | 0x0100;
+
                        if (CHECK_PID(chip, 0x5288))
                                rtsx_write_cfg_dw(chip, 2, 0xC0,
                                                  0xFFFF, val);
```

마지막으로 'WARNING: line over 80 characters'다. 이것을 단순히 한 라인이 80자를 넘어서 생긴 경고라고 생각해 대충 수정하면 문제가 생긴다. 하나씩 살펴보자. 앞에서 두 가지를 수정했으므로 라인 번호가 변경될 것이다. 다시 한 번 스크립트를 실행해서 진행한다.

Vim의 명령 모드에서 /\%>80v.\+라고 입력하면 80자가 넘는 라인을 하나씩 찾아 준다. 첫 번째 warning을 찾아보면 같은 파일의 290라인이 하이라이트되었다. 0xFF의 ',' 부터 80자가 넘는다. 이것을 그냥 두 줄로 나누기는 어렵다. 0xFF부터 한 줄 내린다고 해도 그다음 줄도 80자가 넘는다. 하지만 잘 살펴보면 줄일 방법을 찾을 수 있다.

```
287                     if (chip->dynamic_aspm) {
288                             if (CHK_SDIO_EXIST(chip)) {
289                                     if (CHECK_PID(chip, 0x5288)) {
290                                             retval = rtsx_write_cfg_dw(chip,
2, 0xC0, 0xFF, chip->aspm_l0s_l1_en);
291                                                     if (retval != STATUS_SUCCESS)
292                                                             TRACE_RET(chip, STATUS_
```

```
FAIL);
293                                      }
294                                  }
295                          } else {
296                              if (CHECK_PID(chip, 0x5208))
```

첫 if문은 어쩔 수 없지만, 다음 if문과 그 하위의 if문은 합칠 수 있다. 즉, 다음처럼 바꿔 주면 291라인의 마지막 세미콜론(;)만 80자를 넘어간다. 이 정도면 수용할 수 있는 정도다. 한 줄의 코드를 다음 라인으로 내릴 때는 함수의 인자를 넣는 여는 괄호가 시작하는 곳에 맞춰야 한다. 291라인을 보면 chip이라는 변수가 290라인의 chip의 c가 시작하는 부분에 딱 맞춰 시작한다. 이것은 탭으로 최대한 맞추고 나머지는 공백으로 맞춰야 한다. 289라인도 마찬가지다. 그리고 라인을 변경했는데도 안 되면 할 수 없다. 최대한 맞춰서 패치를 만들고 Reviewer의 애기를 들어 봐야 한다.

```
287                  if (chip->dynamic_aspm) {
288                      if (CHK_SDIO_EXIST(chip) &&
289                          CHECK_PID(chip, 0x5288)) {
290                              retval = rtsx_write_cfg_dw(chip, 2, 0xC0,
0xFF,
291                                                  chip->aspm_
l0s_l1_en);
292                          if (retval != STATUS_SUCCESS)
293                              TRACE_RET(chip, STATUS_FAIL);
294                      }
295                  } else {
296                      if (CHECK_PID(chip, 0x5208))
```

최종 변경 사항은 다음과 같다. 참고로, git diff로 볼 때는 잘 맞춰도 메일 클라이언트에서 보면 조금 다르게 보일 수 있지만, git diff로 본 것이 맞으므로 다시 수정하지 않아도 된다.

```
diff --git a/drivers/staging/rts5208/rtsx_chip.c b/drivers/staging/rts5208/
rtsx_chip.c
index 3640fd8..825651b 100644
--- a/drivers/staging/rts5208/rtsx_chip.c
+++ b/drivers/staging/rts5208/rtsx_chip.c
@@ -285,12 +285,12 @@ int rtsx_reset_chip(struct rtsx_chip *chip)
/* Enable ASPM */
if (chip->aspm_l0s_l1_en) {
if (chip->dynamic_aspm) {
- if (CHK_SDIO_EXIST(chip)) {
-     if (CHECK_PID(chip, 0x5288)) {
- retval = rtsx_write_cfg_dw(chip, 2, 0xC0, 0xFF, chip-
>aspm_l0s_l1_en);
-     if (retval != STATUS_SUCCESS)
-     TRACE_RET(chip, STATUS_FAIL);
-}
+ if (CHK_SDIO_EXIST(chip) &&
+ CHECK_PID(chip, 0x5288)) {
+ retval = rtsx_write_cfg_dw(chip, 2, 0xC0, 0xFF,
+     chip ->aspm_l0s_l1_en);
+     if (retval != STATUS_SUCCESS)
+     TRACE_RET(chip, STATUS_FAIL);
 }
 } else {
 if (CHECK_PID(chip, 0x5208))
 @@ -306,9 +306,13 @@ int rtsx_reset_chip(struct rtsx_chip *chip)
 if (CHK_SDIO_EXIST(chip)) {
 chip->aspm_level[1] = chip->aspm_l0s_l1_en;
 if (CHECK_PID(chip, 0x5288))
 - retval = rtsx_write_cfg_dw(chip, 2, 0xC0, 0xFF, chip-
 >aspm_l0s_l1_en);
+     retval = rtsx_write_cfg_dw(chip, 2,
+     0xC0, 0xFF,
+     chip->aspm_l0s_l1_en);
 else
 - retval = rtsx_write_cfg_dw(chip, 1, 0xC0, 0xFF, chip-
 >aspm_l0s_l1_en);
+     retval = rtsx_write_cfg_dw(chip, 1,
+     0xC0, 0xFF,
+     chip ->aspm_l0s_l1_en);
```

〈중략〉

```
if (retval != STATUS_SUCCESS)
  TRACE_RET(chip, STATUS_FAIL);
    @@ -973,8 +977,11 @@ void rtsx_polling_func(struct rtsx_chip *chip)
  turn_off_led(chip, LED_GPIO);
  - if (chip->auto_power_down && !chip->card_ready && !chip->sd_io)
  - rtsx_force_power_down(chip, SSC_PDCTL | OC_PDCTL);
  + if (chip->auto_power_down &&
+     !chip->card_ready &&
+     !chip->sd_io)
+     rtsx_force_power_down(chip,
+     SSC_PDCTL | OC_PDCTL);
  }
}
```

　　〈중략〉

```
  @@ -1082,9 +1091,13 @@ Delink_Stage:
  clean up checkpatch warning:
RTSX_DEBUGP("No card inserted, do delink\n");
+     rtsx_write_register(chip,
if (enter_L1)
- rtsx_write_register(chip, HOST_SLEEP_STATE, 0x03, 1);
+     HOST_SLEEP_STATE,
+     0x03, 1);
- rtsx_write_register(chip, CHANGE_LINK_STATE, 0x02, 0x02);
+     rtsx_write_register(chip,
+     CHANGE_LINK_STATE,
+     0x02, 0x02);
  if (enter_L1)
  rtsx_enter_L1(chip);
```

이제 최종 커밋을 하면 3개의 패치가 완성된다.

```
staging: rts5208: Fix line length over 80 characters in rtsx_chip.c

clean up checkpatch warning:
WARNING: Line length over 80 characters

Signed-off-by: Daeseok Youn daeseok.youn@gmail.com
```

```
# Please enter the commit message for your changes. Lines starting
# with ‘#’ will be ignored, and an empty message aborts the commit.
# On branch dgap_cleanup
# Changes to be committed:
#   (use "git reset HEAD <file>..." to unstage)
#
#       modified:    drivers/staging/rts5208/rtsx_chip.c
#
```

5.3.4 패치 보내기

Gmail의 SMTP 설정으로 Mutt 이메일 클라이언트를 사용해 진행하겠다. 실제 패치는 mutt 명령으로 간단히 보내고, 답장이 필요한 경우에 브라우저에서 Gmail로 접속해 보내면 된다. 꼭 GUI의 이메일 클라이언트가 필요하지는 않다.

패치를 보낼 때 Mutt를 이용하는 가장 큰 이유는 이메일 클라이언트가 대부분(GUI가 있는 클라이언트) 패치를 작성하고 패치의 내용을 복사/붙여넣기를 하면 자동으로 탭 들여쓰기를 공백으로 변환하기 때문이다. 패치는 의도적으로 탭을 이용해 들여쓰기를 하는 것인데, 이것이 공백으로 변경되면 잘못된 패치를 보내게 되므로 주의하자.[08]

패치는 git format-patch 명령으로 간단히 만들 수 있다. 앞에서 수정한 3가지 내용을 각각의 패치로 보내 보자(실제로 발송하지는 않는다).

먼저 로그를 확인한다.

```
$ git log
```

로그에서 위에서부터 3번째까지 만들어야 하는 패치다.

```
commit 0ae3321a1dcb8773bf8a628a5f7b778f904b1c95
Author: Daeseok Youn daeseok.youn@gmail.com
Date:    Mon Jul 7 20:20:32 2014 +0900
    staging: rts5208: Fix line length over 80 characters in rtsx_chip.c
    clean up checkpatch warning:
    WARNING: Line length over 80 characters
    Signed-off-by: Daeseok Youn daeseok.youn@gmail.com
commit 7fdba5798e4fc38a82a12eee37db6c0936bf6e1e
Author: Daeseok Youn daeseok.youn@gmail.com
Date:    Mon Jul 7 18:56:29 2014 +0900
    staging: rts5208: add missing blank lines after declarations
    clean up checkpatch warning:
    WARNING: Missing a blank line after declarations
    Signed-off-by: Daeseok Youn daeseok.youn@gmail.com
commit c76a0eac056d9c89b7da3d3718f0c9bef67ba087
Author: Daeseok Youn daeseok.youn@gmail.com
Date:    Mon Jul 7 18:05:24 2014 +0900
    staging: rts5280: remove "return" statement in void function
    clean up checkpatch warning:
    WARNING: void function return statements are not generally useful
    Signed-off-by: Daeseok Youn daeseok.youn@gmail.com
commit fd0525f42064c98db6c4aaf9c2175927f9f047e7
Author: Daeseok Youn daeseok.youn@gmail.com
Date:    Mon Jul 7 16:06:09 2014 +0900
    staging: dgap: remove redundant NULL check in dgap_tty_init()
    The brd is already checked by earlier function in dgap_init_one().
    Signed-off-by: Daeseok Youn <daeseok.youn@gmail.com>
```

우선 패치 파일을 저장할 디렉터리를 만든다. 날짜별로 만들어도 되고 모듈별로

만들어도 된다. 여기서는 rts5208_14xxxx로 만들었다.

```
$ mkdir ../patches/rts5208_14xxxx/
$ git format-patch c76a0eac056d9c89b7da3d3718f0c9bef67ba087^ -o ../patches/
rts5208_14xxxx/
```

그리고 git format-patch 명령으로 패치를 만드는데, format-patch 뒤에 오는 해시 값은 가장 먼저 만들었던 패치의 커밋 ID다. git log로 확인한 다음 복사해서 붙여넣는다. (해시 값의 앞부분 7~8자리 정도만 넣어도 된다). 붙여넣고 난 다음 '^'를 꼭 넣어 줘야 한다. Git에서 '^'는 한 단계 전을 의미한다. '^'를 넣지 않으면 처음 했던 패치는 파일로 만들어지지 않고 그다음 패치부터 파일로 만든다.

앞의 명령을 실행하면 다음처럼 3개의 패치 파일이 ../patches/rts5208_14xxxx/에 생성된다.

```
$ git format-patch c76a0eac056d9c89b7da3d3718f0c9bef67ba087^ -o ../patches/
rts5208_14xxxx/
../patches/rts5208_14xxxx/0001-staging-rts5280-remove-return-statement-in-void-
func.patch
../patches/rts5208_14xxxx/0002-staging-rts5208-add-missing-blank-lines-after-
declar.patch
../patches/rts5208_14xxxx/0003-staging-rts5208-Fix-line-length-over-80-
characters-i.patch
```

이것을 Mutt로 보내는데, 먼저 누구에게 보내는지 확인해야 한다. 이는 커널 소스 내에 스크립트로 제공한다(scripts/get_maintainer.pl). 스크립트를 실행할 때 인자로 패치 파일을 넣으면 Maintainer가 누구인 알려 준다(가끔 커밋한 사람의 이름도 보이는데 신경 쓰지 않아도 된다).

```
$ ./scripts/get_maintainer.pl ../patches/rts5208_14xxxx/0001-staging-rts5280-
remove-return-statement-in-void-func.patch
Greg Kroah-Hartman <gregkh@linuxfoundation.org>
Daeseok Youn <daeseok.youn@gmail.com>
Micky Ching <micky_ching@realsil.com.cn>
devel@driverdev.osuosl.org (open list:STAGING SUBSYSTEM)
linux-kernel@vger.kernel.org (open list)
```

그리고 scripts/checkpatch.pl <patch file>로 자신이 만든 패치가 코딩

스타일을 제대로 적용했는지 확인한다.

이제 패치를 보내 보자.

```
$ mutt -H ../patches/rts5208_14xxxx/0001-staging-rts5280-remove-return-
statement-in-void-func.patch
```

화면 하단에 'To:'가 보이는데, To:는 스크립트로 확인된 맨 위의 사람에게 메일
을 보낸다.

```
To: gregkh@linuxfoundation.org
```

다음으로 메일 제목이다. 이것은 Mutt가 자동으로 만들어 준다. 패치 3개를 한 번
에 만들어 보내므로 1/3로 만들어 준다. 이는 그냥 확인하고 넘어가면 된다.

```
Subject: [PATCH 1/3] staging: rts5280: remove "return" statement in void
function
```

다음으로 패치 내용이 나오는데, 수정할 사항이 없으므로 ':wq'로 빠져 나온다.

그림 5-2 첨부될 패치 내용 확인

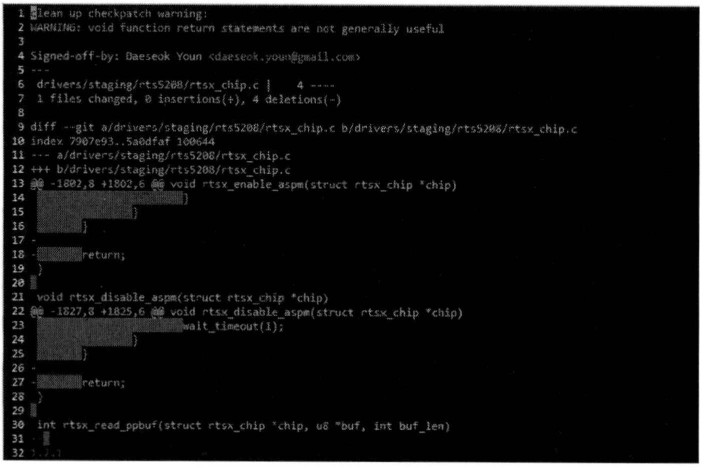

```
 1 Clean up checkpatch warning:
 2 WARNING: void function return statements are not generally useful
 3
 4 Signed-off-by: Daeseok Youn <daeseok.youn@gmail.com>
 5 ---
 6  drivers/staging/rts5208/rtsx_chip.c |    4 ----
 7  1 files changed, 0 insertions(+), 4 deletions(-)
 8
 9 diff --git a/drivers/staging/rts5208/rtsx_chip.c b/drivers/staging/rts5208/rtsx_chip.c
10 index 7907e93..5a0dfaf 100644
11 --- a/drivers/staging/rts5208/rtsx_chip.c
12 +++ b/drivers/staging/rts5208/rtsx_chip.c
13 @@ -1802,8 +1802,6 @@ void rtsx_enable_aspm(struct rtsx_chip *chip)
14                      }
15              }
16      }
17 -
18 -       return;
19  }
20
21  void rtsx_disable_aspm(struct rtsx_chip *chip)
22 @@ -1827,8 +1825,6 @@ void rtsx_disable_aspm(struct rtsx_chip *chip)
23                      wait_timeout(1);
24              }
25      }
26 -
27 -       return;
28  }
29
30  int rtsx_read_ppbuf(struct rtsx_chip *chip, u8 *buf, int buf_len)
31
32 :...1
```

패치를 저장하고 나오면 다음 화면이 나온다.

그림 5-3 보낼 메시지 정보 확인

```
y:Send  q:Abort  t:To  c:CC  s:Subj  a:Attach file  d:Descrip  ?:Help
    From: Daeseok Youn <daeseok.youn@gmail.com>
      To: gregkh@linuxfoundation.org
      Cc:
     Bcc:
 Subject: [PATCH 1/3] staging: rts5280: remove "return" statement in void function
Reply-To:
     Fcc: ~/sent
Security: Clear

-- Attachments
  - I     1 /tmp/mutt-devel-501-13615-0                          [text/plain, 7bit, us-ascii, 0.8K]




-- Mutt: Compose  [Approx. msg size: 0.8K   Atts: 1]
```

'To:'와 'Subject'가 맞는지를 확인하고 'Cc:'를 넣어줘야 한다. 스크립트로 확인된 모든 사람에게 메일을 보내야 하는데, To에든 Cc에든 다 넣어야 한다(자신은 넣지 않아도 무방하다).

mutt 명령으로 'c'를 누르면 Cc:가 화면 하단에 나온다. Cc는 보낼 사람이 여러 명일 경우 콤마(,)로 구분한다. 공개된 메일링 리스트까지 모두 등록해야 Maintainer가 확인한다.

Cc: micky_ching@realsil.com.cn, devel@driverdev.osuosl.org, linux-kernel@vger.kernel.org

---

그다음 mutt 명령인 'y'를 누르면 Gmail 계정 비밀번호를 묻고 전송을 완료한다. 참고로 초보 개발자를 위한 메일링 리스트인 kernel-janitors@vger.kernel.org를 Cc에 넣고 보내면 아직 배우는 단계라는 표시가 되기도 한다. 이 메일링 리스트를 넣고 보내면, 개발자들이 설명할 내용이 있을 때 조금 더 자세히 답변을 써 준다. 또는, 다른 초보 개발자가 자신이 알고 있는 내용을 답변에 써 주기도 하므

로 패치를 만들고 보내는 것이 익숙해질 때까지는 이 메일링 리스트를 항상 Cc에 추가하자. 두 번째, 세 번째 파일도 같은 방법으로 해보자.

매번 이렇게 복사해서 붙여넣기를 해서 보내다 보면 잘못하는 경우가 생긴다. 이를 방지하기 위해 파이썬으로 간단한 스크립트를 만들어 보았다. 약간의 문제는 있지만, 그래도 메일 주소 붙여넣기만큼은 안 해도 되게 만들었다.

다음과 같이 사용하면 패치와 관련된 개발자의 이메일 주소를 적절히 To, Cc에 mutt 명령 파라미터로 넘겨준다.

```
get_patch_to_cc_list.py <patch file 경로>
$ ../scripts/get_patch_to_cc_list.py ../patches/rts5208_14xxxx/0001-staging-
rts5280-remove-return-statement-in-void-func.patch
```

이 스크립트는 어디에 둬도 상관없지만, 실행은 반드시 커널 소스의 최상위에서 해야 한다. 필자의 경우 커널 소스가 '~/work/Kernel/linux/'에 있고, 이 스크립트는 '~/work/Kernel/scripts/'에 있다.

이를 실행하면 앞에서 진행했던 것과 동일하게 진행되지만 메일을 보낼 때 입력해야 할 기본 정보(To, CC, Subject, 패치 내용)가 모두 입력된 상태로 진행된다.

단, 이 스크립트를 쓸 때 한 가지 주의할 부분이 있다. 패치 내용을 확인하는 부분에서 처음 mutt -H를 했을 때와 달리 추가적인 문자열이 들어가 있는데, From <Hash ID>에서 Subject까지는 메일을 보낼 때 중복해서 들어가는 내용이므로 지워야 한다(물론 제목 바로 아래 한 줄까지 지워서 Changelog가 편집기의 최상위로 올라오게 한다). 이제 보내면 끝이다. 전체 스크립트 내용은 다음과 같다.

```
#!/usr/bin/python
import sys
import subprocess
import email.utils
```

```python
# cmd = '/home/woodsman/work/Kernel/linux-next/scripts/get_maintainer.pl'
cmd = 'scripts/get_maintainer.pl'
cmdMutt = 'mutt'

def lineParse(fullLine):
        result = email.utils.parseaddr(fullLine)
        # parseaddr returns two string which are name and e-mail address
        # I need to get only e-mail address for mutt
        return result[1]

def getMaintainer(patchName):
        args = [cmd, patchName]
        lists = []

        p = subprocess.Popen(args, stdout=subprocess.PIPE,\
                            stderr=subprocess.STDOUT)

        while True:
                out = p.stdout.readline()
                if out == '' and p.poll() != None:
                        break
                lists.append(lineParse(out))

        return lists

def getSubjectFromPatchFile(patchFile):
        for line in open(patchFile ,'r'):
                if line.find("Subject") > -1:
                        # remove "Subject:" string and "\n"
                        return line[9:-1]

def setAndSendMainWithMutt(maintainerList, patchName):
        # first element is MAINTAILER for "TO"
        # rest of e-mail list are "CC"
        Subject = getSubjectFromPatchFile(patchName)
        args = [cmdMutt, '-i ', patchName, maintainerList[0], '-s ', Subject,
'-c ']
        del maintainerList[0]

        args.append(', '.join(maintainerList))
```

```python
        p = subprocess.Popen(args)
        # wait for mutt
        p.communicate()

if __name__ == "__main__":
        # get an argument from shell
        # first parameter is a patch file made by me.
        # this script get only one parameter.
        parmCount = len(sys.argv)

        if parmCount == 1 or parmCount > 3:
                print "Usage: %s <patch file>"% sys.argv[0]
                exit(1)

        maintainerList = getMaintainer(sys.argv[1])
        setAndSendMainWithMutt(maintainerList, sys.argv[1])
```

이제 파이썬 파일을 만들고 붙여넣기 해서 사용하면 된다. [그림 5-4]에서 상단의 From부터 Subject까지 모두 지운 다음 :wq로 저장하고 Cc 리스트를 확인한 후 'y'로 보내면 된다.

그림 5-4 첨부 패치의 불필요한 헤더 확인

```
1 From c76a0eac05Ed9c89b7da3d3718f0c9bef67ba087 Mon Sep 17 00:00:00 2001
2 From: Daeseok Youn <daeseok.youn@gmail.com>
3 Date: Mon, 7 Jul 2014 18:05:24 +0900
4 Subject: [PATCH 1/3] staging: rts5280: remove "return" statement in void function
5
6 clean up checkpatch warning:
7 WARNING: void function return statements are not generally useful
8
9 Signed-off-by: Daeseok Youn <daeseok.youn@gmail.com>
10 ---
11  drivers/staging/rts5208/rtsx_chip.c |    4 ----
12  1 files changed, 0 insertions(+), 4 deletions(-)
13
14 diff --git a/drivers/staging/rts5208/rtsx_chip.c b/drivers/staging/rts5208/rtsx_chip.c
15 index 7907e93..5a0dfaf 100644
16 --- a/drivers/staging/rts5208/rtsx_chip.c
17 +++ b/drivers/staging/rts5208/rtsx_chip.c
18 @@ -1802,8 +1802,6 @@ void rtsx_enable_aspm(struct rtsx_chip *chip)
19                          }
20                  }
21          }
22 -
23 -        return;
24  }
25
26  void rtsx_disable_aspm(struct rtsx_chip *chip)
27 @@ -1827,8 +1825,6 @@ void rtsx_disable_aspm(struct rtsx_chip *chip)
28                          wait_timeout(1);
29                  }
30          }
31 -
32 -        return;
33  }
34
35  int rtsx_read_ppbuf(struct rtsx_chip *chip, u8 *buf, int buf_len)
36
37 1.7.1
```

5.4   Gmail로 답장 쓰기

Mutt 이메일 클라이언트로 패치를 보내면 누군가가 리뷰를 해 주는데, 수정이 필요한 부분에 관해 패치를 만든 사람에게 답장을 요구하는 경우가 있다. 이때, Gmail을 이용해 답장하면 된다. 그러나 바로 답장하기로 회신을 보내면 리눅스 커널 관련 메일링 리스트에 등록되지 않는 경우가 있다.

메일링 리스트에는 plain/text만 받아들여지는데, Gmail은 기본으로 HTML을 포함해 전달하도록 설정되어 있다. 이 경우 Gmail에서 plain/text 형식으로 메일을 보내는 방법을 알아보자.

[그림 5-5]의 메일을 열어 하단에 '전체답장'을 클릭하면, Gmail 클라이언트에서 [그림 5-6]처럼 답장하기 화면이 열린다.

그림 5-5 Gmail 화면 1

화면 오른쪽 하단을 보면 아래로 향한 삼각형이 있다. 이 버튼을 클릭하면 '일반 텍스트 모드'로 선택할 수 있다. 이 옵션을 클릭해서 회신 메일의 형식을 'plain/text' 모드로 바꿔 주고 답장을 쓰면 된다.

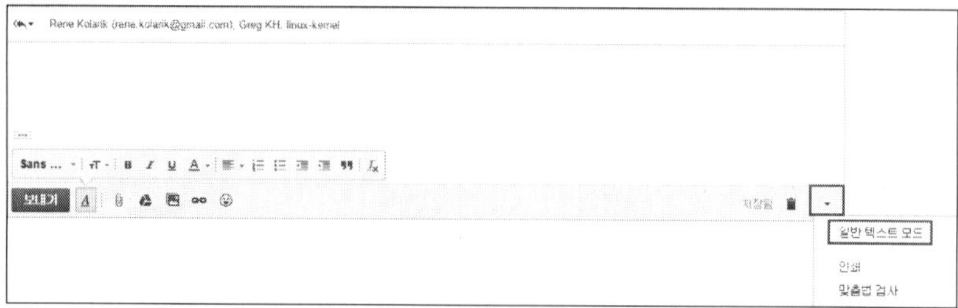

또한, 질문에 라인 코멘트를 작성하고 싶을 때는 [그림 5-5]의 메일 본문 하단의 '…' 모양 박스를 클릭하면 이전 메일 스레드의 내용을 텍스트 형식으로 보여 준다. 이 중 라인 코멘트가 필요한 부분에 한 줄을 추가하여 작성하면 된다.

## chapter 6

좋은 패치 만들기

리눅스 커널 패치를 하면서 메일링 리스트를 보면 staging 하위에 있는 파일에 대한 패치에 여러 가지 문제점이 있는데 대부분 비슷하다. 즉, 막 패치를 만들기를 시작한 사람의 패치 내용과 보통 패치를 만들 때 실수하는 것들이 비슷하다. 그래서 이 장에서는 이런 실수들을 정리해 보려 한다. 물론 이 중에서는 지켜도 되고 안 지켜도 되는 것도 있다. 그러나 그러한 것들도 처리해 달라고 요청하면 처리해 줘야 한다. 그리고 리눅스 커널 패치를 위해서는 Git 사용에 익숙해져야 한다(최근 대부분 오픈소스 프로젝트는 Git으로 관리되고 있다). 5장에서 사용한 git 명령어가 단지 패치를 리눅스 커널 메인 라인에 적용하기 위한 방법이라면 여기서는 Git을 이용해 프로젝트를 개발할 때 알아야 할 git 명령어와 개념을 소개한다. 그리고 필자가 사용한 명령어도 추가로 설명하겠다.

6.1 작업 단위의 로컬 브랜치 만들기

Git을 이용해 저장소를 생성하면 기본으로 '마스트Master' 브랜치가 만들어진다. 이를 통해 리모트 브랜치에 존재하는 코드들을 내려받을 수 있다. 리눅스 커널 패치는 간단한 버그 단위로 브랜치를 생성하여 개발하는 것이 좋으며, 이름은 자신이 알기 쉬운 방법으로 생성한다. 예를 들어, [그림 6-1]은 git clone 명령으로 리눅스 커널 소스를 받는 과정을 보여 준다.

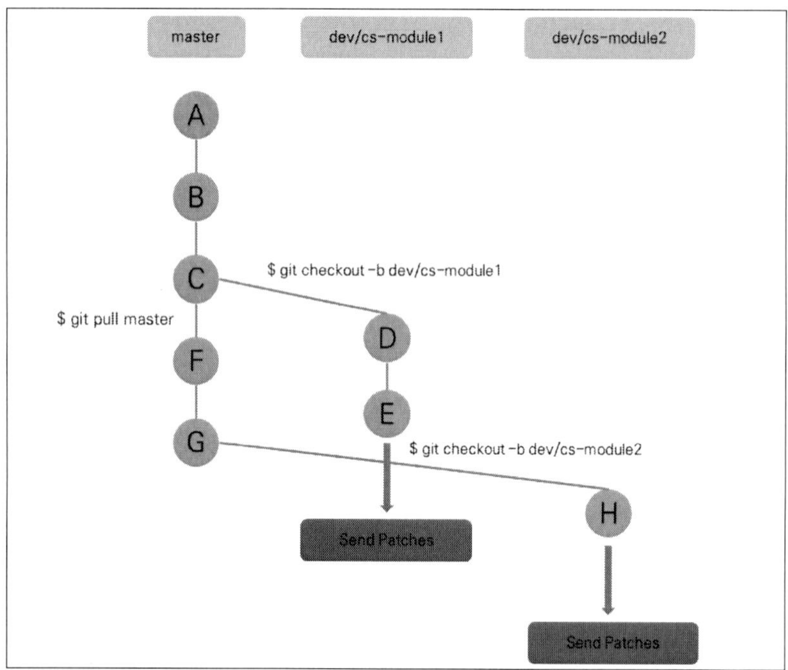

일단 코딩 스타일을 수정하기 위해 하나의 브랜치를 생성해 보자. 여기서는 'dev/cs-module1'으로 생성한다. 앞에 'dev'는 이후 git show-branch 명령으로 각자 만든 다양한 브랜치를 보여 줄 수 있는 큰 주제라고 보면 된다. 뒤에 'cs-module1'은 코딩 스타일 수정을 의미하며 module1에는 수정할 모듈의 이름을 적는다. 즉, staging 하위에 'dgap'이라는 모듈이 있다면 'dev/cs-dgap'이라고 하면 된다.

git clone 명령을 실행한 후 다음 명령을 실행해 보자.

```
$ git checkout -b dev/cs-module1
```

git checkout -b 명령은 git branch <branch name> && git checkout <branch name>을 실행한 것과 동일하다. 즉, -b 옵션은 브랜치를 생성하고 동시

에 체크아웃^{Checkout}하라는 의미다. 이 명령어를 수행하면 master의 현재 위치([그림 6-1]에서 C 커밋이라고 가정하자)에서 브랜치가 만들어진다.

이 시점에서 코딩 스타일을 수정해 D, E라는 패치를 만들고, 이메일 클라이언트를 통해 전송되면 해당 브랜치의 역할은 일단락된다. 물론 나중에 추가 수정사항이 발생하면 다시 해당 브랜치로 이동하여 수정하면 된다.

앞의 git checkout에서 -b 옵션은 브랜치를 생성하고 체크아웃하는 것이라고 했으므로 다시 해당 브랜치로 진입할 때에는 -b 옵션을 빼고 진행한다.

패치를 보내고 나서 다른 모듈이나 같은 모듈의 다른 파일을 패치하고 싶다면 새로운 브랜치를 만들어 준다. 이 브랜치의 이름은 'dev/cs-module2'라고 하자 (기존 패치가 받아들여지지 않는 상태에서 같은 파일에서 추가 패치를 만들고 싶다면 'dev/cs-module1'에서 진행하면 된다). 'dev/cs-module2' 브랜치를 master의 G 커밋 시점에서 시도했다면 브랜치는 G 커밋 시점에서 만들어진다(물론 'dev/cs-module1'으로 간다면 E 커밋까지만 보인다).

이렇게 하는 이유는 한 번에 패치를 성공하면 좋지만 추가 요청사항에 대한 변경이 있거나 다른 개발자의 패치에 의해 Rebase[01]를 해야 할 경우에 적절한 조치를 취하기가 쉽기 때문이다. 또한, master 브랜치 하나만 갖고 코딩 스타일 패치를 진행하면 master 브랜치가 업데이트될 때 적용했던 패치에서 충돌이 발생할 수 있고, 자신의 커밋 내용이 항상 최상위에 위치하게 되어 나중에 살펴볼 커밋 나누기/커밋 합치기에 대한 요청을 쉽게 해결할 수 있다. 6장에서는 이런 기본 구조로 개발을 진행하면서 발생하는 문제점을 어떻게 해결하는지 알아보겠다.

---

01 Rebase는 병합(Merge)을 포함하는 커밋 정렬이다. 리모트 저장소의 커밋을 체크아웃함과 동시에 자신이 개발 중인 커밋을 재배열해야 하는데, 스택(Stack)처럼 리모트의 커밋을 우선적으로 하나씩 쌓아 올린 후 자신의 커밋을 리모트로부터 받아온 커밋 다음에 하나씩 쌓이게 하는 과정을 Rebase라 한다(참고 자료: http://bit.ly/1Cp7jWe).

 ## CC 추가와 불필요한 헤더 지우기

다음은 필자가 처음 패치를 보낸 메일이다. 이 패치는 4장에서 잠깐 소개한 내용으로 커널에서 buddy 알고리즘 관련 코드를 살펴보다가 발견한 것인데, 변수 하나가 while문 내부에서 같은 값으로 계속 할당되는 것을 한 번만 할당하도록 변경한 코드다.

```
Return-Path: daeseok.youn@gmail.com
Received: from daeseok-laptop.localnet ([xxx.xxx.xxx.xxx])
        by mx.google.com with ESMTPSA id ja5sm89233853p
bc.14.1969.12.31.16.00.00
        (version=TLSv1 cipher=ECDHE-RSA-RC4-SHA bits=128/128);
        Wed, 16 Oct 2013 00:22:49 -0700 (PDT)
From: Daeseok Youn daeseok.youn@gmail.com
To: akpm@linux-foundation.org
Cc: daeseok.youn@gmail.com
Subject: [PATCH] mm: unnecessary set a variable in while loop.
Date: Wed, 16 Oct 2013 16:22:44 +0900
Message-ID: 1755978.tVSkqhXcIj@daeseok-laptop
User-Agent: KMail/4.8.5 (Linux/3.2.0-52-generic; KDE/4.8.5; x86_64; ; )
MIME-Version: 1.0
Content-Transfer-Encoding: 7Bit
Content-Type: text/plain; charset="us-ascii"
From 345e59888e93632ecfdc32e075868681d75bbb28 Mon Sep 17 00:00:00 2001
From: Daeseok Youn daeseok.youn@gmail.com
Date: Wed, 16 Oct 2013 15:46:01 +0900
Subject: [PATCH] mm: unnecessary set a variable in while loop.
Signed-off-by: Daeseok Youn daeseok.youn@gmail.com
---
mm/bootmem.c |    6 +++---
1 file changed, 3 insertions(+), 3 deletions(-)
diff --git a/mm/bootmem.c b/mm/bootmem.c
index 6ab7744..0b96fea 100644
--- a/mm/bootmem.c
+++ b/mm/bootmem.c
@@ -172,11 +172,12 @@ void __init free_bootmem_late(unsigned long physaddr,
unsigned long size)
static unsigned long __init free_all_bootmem_core(bootmem_data_t *bdata)
{
```

```
    struct page *page;
-   unsigned long start, end, pages, count = 0;
+   unsigned long *map, start, end, pages, count = 0;
    if (!bdata->node_bootmem_map)
        return 0;

+   map = bdata->node_bootmem_map;
    start = bdata->node_min_pfn;
    end = bdata->node_low_pfn;

@@ -184,10 +185,9 @@ static unsigned long __init free_all_bootmem_core(bootmem_
data_t *bdata)
        bdata - bootmem_node_data, start, end);

    while (start < end) {
-       unsigned long *map, idx, vec;
+       unsigned long idx, vec;
        unsigned shift;

-       map = bdata->node_bootmem_map;
        idx = start - bdata->node_min_pfn;
        shift = idx & (BITS_PER_LONG - 1);
        /*
—
1.7.9.5
—
```

이 메일에서 문제점은 패치의 내용이 아니다. 패치를 보내는 게 처음이라 공개된 메일링 리스트에 올리기 싫어서 패치를 한 사람에게만 보냈다는 점이다. 이에 대해 "관련된 메일링 리스트와 Maintainer 모두에게 CC로 보내야 한다. 원래는 안 해 주는데, 이 패치는 사소하지만 명확하므로 이번에는 그냥 해 주겠소."라고 답장이 왔다. 이후에도 가끔 CC를 빼고 보낸 적이 있는데, 다시 보내라는 메일을 받으면 관련자를 CC로 넣고 보냈다. 패치 메일을 보낼 때는 꼭 패치 관련자를 확인하고 보내자(메일 관련 자세한 내용은 4.1 패치의 라이프 사이클 참고).

또 다른 문제점이 있다. git format-patch로 만들어진 패치를 Mutt 클라이언트로 보내면 패치 파일의 내용이 전부 들어가는데, 이 중 일부는 SMTP 서버가 생성해 주는 헤더의 내용과 중복되어 보내진다. 중복된 메시지는 다음과 같다.

```
From 345e59888e93632ecfdc32e075868681d75bbb28 Mon Sep 17 00:00:00 2001 From:
Daeseok Youn <daeseok.youn@gmail.com> Date: Wed, 16 Oct 2013 15:46:01 +0900
Subject: [PATCH] mm: unnecessary set a variable in while loop.
```

이 내용은 패치가 만드는데, 메일 헤더에 이미 포함되어 있다. 보내기 전에 확인하여 지워 주자. 이 부분은 5.3.4 패치 보내기를 참고하기 바란다.

6.3 알맞은 브랜치에서 개발하기

linux-next 브랜치를 받아 개발하면 거의 문제가 없다. 가끔 staging driver는 코딩 스타일이나 마이너 패치가 활발히 보내지는 경우가 많다. 많은 패치들이 여러 개발자로부터 보내지기 때문에 linux-next에서 개발하는 것보다 Maintainer가 linux-next로 병합하기 전에 관리하는 Git 저장소를 따로 사용하는 것이 좋다.

linux-next 브랜치로 개발한 패치를 Maintainer에게 전달하고 각자의 Git에 적용하면 24시간 이내에 linux-next 브랜치로 들어간다는 메일을 받는다(Maintainer마다 다른 방식으로 메시지를 보내지만 주요 내용은 거의 비슷하다). 다음은 staging driver 패치를 관리하는 Maintainer가 보낸 메시지다.

```
This is a note to let you know that I've just added the patch titled
    staging: dgap: remove dgap_newnode()
to my staging git tree which can be found at
    git://git.kernel.org/pub/scm/linux/kernel/git/gregkh/staging.git
in the staging-next branch.

The patch will show up in the next release of the linux-next tree
(usually sometime within the next 24 hours during the week.)
```

The patch will also be merged in the next major kernel release during the merge window.

If you have any questions about this process, please let me know.

이 24시간 안에 내가 작업한 패치를 다른 개발자가 먼저 보내기도 하고, 먼저 보내진 패치에 rebase해야 하는 경우도 생긴다. 즉, 병합하는 과정에서 다른 개발자의 패치에 의해 개발되는 코드가 업데이트된다면 이것에 의해 내가 보낸 패치는 저장소에서 충돌conflict이 발생할 수 있다. 필자는 이를 최소화하기 위해서 앞의 메시지에 나와 있는 'staging-next' 브랜치를 체크아웃해서 staging driver의 패치를 만든다. 이렇게 하면 다시 작업하는 일 없이 패치를 순조롭게 진행할 수 있다. 물론 특정 시점(리눅스 커널이 릴리스되는 시점)이나 특정 커밋 후에는 패치를 받기만 하고 커밋이 추가되지 않는다. 그러므로 자신의 패치가 관리되지 않고 있다고 확인해 달라고 조르지 말자.

보낸 패치를 수정하거나 다시 보내야 하면 메시지를 보낸 Maintainer가 작업할 때 기준이 될 Git 저장소의 이름을 알려 준다. 이 이름은 커널 Git 저장소[02]에서 검색하면 찾을 수 있다.

6.4　패치 작게 만들기

패치를 만들어 보내다 보면 자연스럽게 요령이 생긴다. 필자가 패치를 보내면서 가끔 받았던 요청은 여러 가지 내용의 패치를 한 번에 보냈을 때 이를 분리해 달라는 것과 나눌 필요가 없는 패치를 합쳐서 다시 보내라는 내용이었다.

패치를 만들다 보면 같은 라인에 두 가지 이슈가 있을 때가 있다. 예를 들어, 한 줄이 80자가 넘는데 동시에 탭을 공백으로 사용했을 때다. 이럴 때는 두 개의 패치

---

02 https://kernel.googlesource.com/

로 전달하는 것이 좋다. 하지만 이것도 융통성 있게 해야 한다. 전반적으로 코딩 스타일을 고치게 되면 변경하는 줄 수도 많고 Reviewer 입장에서 보기가 어려울 수 있으므로 여러 개의 패치로 나누어 보낸다. 또는, 한 줄을 고치면서 두 개 이상의 코딩 스타일을 고칠 때 하나의 패치로 보내도 된다. Reviewer가 나누거나 합쳐 달라고 요청하면 이에 맞게 변경한다.

6.5 하나의 패치를 두 개로 분리하기

이번에는 만들어진 패치를 둘로 나누거나 합치는 방법을 알아보자. 가장 쉽고 간편한 예제를 하나 골랐다. 정적 코드 분석 도구로 발견된 버그를 수정하면서 Maintainer의 도움을 받았는데, 마지막에 패치를 두 개로 분리해서 관리하는 것이 좋겠다는 요청이 있었다. 다음 패치 내용을 보면 두 개 블록이 수정되었는데, 이를 나눠서 보내자.

이 패치는 각자 받은 Git의 최상위에 있다고 가정한다. 즉, `git log`를 했을 때 이 패치의 로그가 최상위에 있어야 한다. 최상위에 없다면 최상위에 오도록 만들어야 한다(이 내용은 6.1 작업 단위의 로컬 브랜치 만들기를 참고한다).

```
workqueue: fix double unlock bug
Use default pwq when alloc_unbound_pwq() is failed.

And remove "if" condition for whether "pwq" is same as "wq->dfl_pwq"
when wq_calc_node_cpumask() returns false and just use "goto use_dfl_pwq"

Signed-off-by: Daeseok Youn daeseok.youn@gmail.com
---
V2: replace "if condition" with "goto" as Lai's comment.
V3: Use default pwq when alloc_unbound_pwq() is failed.
 kernel/workqueue.c |    8 +++----
 1 files changed, 3 insertions(+), 5 deletions(-)

diff —git a/kernel/workqueue.c b/kernel/workqueue.c
```

```
index 0ee63af..0679854 100644
--- a/kernel/workqueue.c
+++ b/kernel/workqueue.c
@@ -4087,10 +4087,7 @@ static void wq_update_unbound_numa(struct workqueue_
struct *wq, int cpu,
        if (cpumask_equal(cpumask, pwq->pool->attrs->cpumask))
            goto out_unlock;
    } else {
-        if (pwq == wq->dfl_pwq)
-            goto out_unlock;
-        else
-            goto use_dfl_pwq;
+        goto use_dfl_pwq;
    }

    mutex_unlock(&wq->mutex);
@@ -4100,7 +4097,8 @@ static void wq_update_unbound_numa(struct workqueue_
struct *wq, int cpu,
    if (!pwq) {
        pr_warning("workqueue: allocation failed while updating NUMA affinity
of \"%s\"\n",
                wq->name);
-        goto out_unlock;
+        mutex_lock(&wq->mutex);
+        goto use_dfl_pwq;
    }

    /*
--
```

다음 명령은 현재 HEAD(최상위 커밋) 바로 전 단계로 리셋하되 현재 수정사항은 남겨 두게 한다.

```
$ git reset HEAD^
```

그리고 `git diff` 명령을 수행하면 다음 내용이 출력된다.

```
diff —git a/kernel/workqueue.c b/kernel/workqueue.c
index 0ee63af..0679854 100644
— a/kernel/workqueue.c
+++ b/kernel/workqueue.c
@@ -4087,10 +4087,7 @@ static void wq_update_unbound_numa(struct workqueue_
struct *wq, int cpu,
                if (cpumask_equal(cpumask, pwq->pool->attrs->cpumask))
                        goto out_unlock;
        } else {
-               if (pwq == wq->dfl_pwq)
-                       goto out_unlock;
-               else
-                       goto use_dfl_pwq;
+               goto use_dfl_pwq;
        }

        mutex_unlock(&wq->mutex);
@@ -4100,7 +4097,8 @@ static void wq_update_unbound_numa(struct workqueue_
struct *wq, int cpu,
        if (!pwq) {
                pr_warning("workqueue: allocation failed while updating NUMA
affinity of \"%s\"\n",
                        wq->name);
-               goto out_unlock;
+               mutex_lock(&wq->mutex);
+               goto use_dfl_pwq;
        }
```

현재 수정 상태를 두 개의 패치로 만들어 보자. 다음 명령을 입력한다.

```
$ git add -p
```

콘솔 화면에 다음 메시지가 보이고, 가장 하단에 'Stage this hunk…'가 있다.
이 변경 사항에서 아랫부분을 먼저 커밋하므로 'n'을 입력한다.

```
diff —git a/kernel/workqueue.c b/kernel/workqueue.c
```

```
index 0ee63af..0679854 100644
--- a/kernel/workqueue.c
+++ b/kernel/workqueue.c
@@ -4087,10 +4087,7 @@ static void wq_update_unbound_numa(struct workqueue_
struct *wq, int cpu,
                if (cpumask_equal(cpumask, pwq->pool->attrs->cpumask))
                        goto out_unlock;
        } else {
-               if (pwq == wq->dfl_pwq)
-                       goto out_unlock;
-               else
-                       goto use_dfl_pwq;
+               goto use_dfl_pwq;
        }

        mutex_unlock(&wq->mutex);
Stage this hunk [y,n,q,a,d,/,j,J,g,e,?]? n
```

다음 코드 블록이 나오면 'y'를 입력한다.

```
@@ -4100,7 +4097,8 @@ static void wq_update_unbound_numa(struct workqueue_
struct *wq, int cpu,
        if (!pwq) {
                pr_warning("workqueue: allocation failed while updating NUMA
affinity of \"%s\"\n",
                        wq->name);
-               goto out_unlock;
+               mutex_lock(&wq->mutex);
+               goto use_dfl_pwq;
        }

        /*
Stage this hunk [y,n,q,a,d,/,j,J,g,e,?]? y
```

다음 수정사항이 없으므로 종료된다. git status로 확인해 보자.

```
# Not currently on any branch.
# Changes to be committed:
```

```
#       (use "git reset HEAD <file>..." to unstage)
#
#       modified:    kernel/workqueue.c
#
# Changes not staged for commit:
#   (use "git add <file>..." to update what will be committed)
#   (use "git checkout — <file>..." to discard changes in working directory)
#
#       modified:    kernel/workqueue.c
#
```

일부는 staged 상태고 일부는 unstage 상태가 된다. 이 상태에서 git add kernel/workqueue.c && git commit -s 명령으로 하나의 커밋을 만들고 나머지 부분도 마찬가지로 git add & git commit 명령으로 Changelog를 입력하고 커밋을 만든다. 남은 부분을 커밋하므로 -p 옵션은 없어도 된다.

6.6 둘 이상의 패치를 하나로 합치기

둘 이상의 패치를 하나로 만드는 것은 어렵지 않다. 패치를 3개 이상 만들어 보냈는데, Reviewer로부터 이 패치들을 하나로 합치면 더 좋겠다는 메시지를 받았을 때 이를 어떻게 처리하는지 예제로 살펴본다(이 예제는 이미 병합된 커밋으로, 문제가 있는 것은 아니고 예를 보이기 위해 하나의 패치로 합친다).

다음 4개의 패치 중 윗부분 3개를 합친다고 가정하자.

```
commit 825122353a2363b76c5568998be9fed17c5fdbfc
Author: Daeseok Youn <daeseok.youn@gmail.com>
Date:   Tue Jul 15 18:50:37 2014 +0900

    staging: dgap: remove dgap_newnode()

    The dgap_newnode() is useless for creating new node.
    So just use kzalloc and set a type in case statement.
```

Signed-off-by: Daeseok Youn <daeseok.youn@gmail.com>
Signed-off-by: Greg Kroah-Hartman <gregkh@linuxfoundation.org>

commit 7bab00ff654cfac02ec758e7726cdf1149b18565
Author: Daeseok Youn <daeseok.youn@gmail.com>
Date: Tue Jul 15 18:49:52 2014 +0900

    staging: dgap: remove unused a parameter in dgap_gettok()

    The "p" as parameter is unused.

    Signed-off-by: Daeseok Youn <daeseok.youn@gmail.com>
    Signed-off-by: Greg Kroah-Hartman <gregkh@linuxfoundation.org>

commit e9cc5b2bb1c1b121f35d430b0e70a73ce2a7a2e5
Author: Daeseok Youn <daeseok.youn@gmail.com>
Date: Tue Jul 15 18:49:09 2014 +0900

    staging: dgap: fix a typo in dgap_gettok()

    The "boar" should be "board".

    Signed-off-by: Daeseok Youn <daeseok.youn@gmail.com>
    Signed-off-by: Greg Kroah-Hartman <gregkh@linuxfoundation.org>

commit 8e82ce02232c69560d73c6e0f251d4b3d1fc66d6
Author: Daeseok Youn <daeseok.youn@gmail.com>
Date: Tue Jul 15 18:48:25 2014 +0900

    staging: dgap: remove unused case value in dgap_parsefile()

    If rc is zero, this function will returns with an error and
    cannot reach switch-case statement.

    Signed-off-by: Daeseok Youn <daeseok.youn@gmail.com>
    Signed-off-by: Greg Kroah-Hartman <gregkh@linuxfoundation.org>

다음 명령은 해시값 e9cc5b2bb1(해시값을 모두 입력할 필요는 없다. 10자리까지만 넣어도

구분된다.)을 가지는 커밋을 포함해 리셋한다는 의미다. '--soft'는 리셋하되 코드

의 수정사항은 남겨 두기 위한 것으로 명령 마지막에 '^'를 넣어야 한다. '^'는 '이
전'이라는 의미인데, 'e9cc5b⋯.'의 커밋을 포함하여 진행한다는 의미이다.

```
$ git reset --soft e9cc5b2bb1c1b121f35d430b0e70a73ce2a7a2e5^
```

명령을 수정하고 나면 상위 3개의 커밋(가장 위의 커밋은 현재 브랜치의 최상위 커밋이어
야 한다. 6.1 작업 단위의 로컬 브랜치 만들기 참고)이 사라지고 수정사항만 합쳐져서 남게
된다. 이 상태에서 `git add <file path> && git commit -s` 명령을 실행하
면 세 커밋의 수정사항을 포함한 하나의 커밋을 만들 수 있다. 물론 Changelog
는 다시 써야 한다.

6.7 패치에 코멘트 남기기

패치에 코멘트를 남겨야 할 때가 있다. 예를 들어, 패치를 전달했는데 패치의 일부
분이 수정되어야 한다고 하자. 이를 수정하고 다시 패치를 전달하면 받는 사람의
입장에서는 지난 메일과 현재 메일을 비교해 왜 수정했는지 살펴봐야 하는 어려움
이 있다(물론 비교해 볼 필요가 있다고 생각되는 경우만이다). 이럴 때 '어떤 부분이 수정되
거나 추가되었습니다'라고 메시지를 남기면 Reviewer가 확인하기가 더 쉬울 것
이다. 메일에 포함된 패치의 구성 요소를 다시 한 번 확인해 보자.

다음 패치를 보냈는데, `signal_pending()`의 반환값을 확인하지 않을 것이라면
제거하는 것이 맞다고 Reviewer가 메일을 보냈다. 실제로 `signal_pending()`
은 `schedule_timeout_interruptable()` 함수가 시그널에 의해 수행이 중지
되면 `signal_pending()`의 반환값으로 알려 준다.

```
Return-Path: daeseok.youn@gmail.com
Received: from devel ([220.149.236.66])
        by mx.google.com with ESMTPSA id kj8sm12646017p
db.79.2014.09.15.20.35.14
```

        for ⟨multiple recipients⟩
        (version=TLSv1 cipher=RC4-SHA bits=128/128);
        Mon, 15 Sep 2014 20:35:16 -0700 (PDT)
Date: Tue, 16 Sep 2014 12:33:33 +0900
From: Daeseok Youn daeseok.youn@gmail.com
To: lidza.louina@gmail.com, markh@compro.net
Cc: markh@compro.net, daeseok.youn@gmail.com, gregkh@linuxfoundation.org,
    driverdev-devel@linuxdriverproject.org, devel@driverdev.osuosl.org,
    linux-kernel@vger.kernel.org
Subject: [PATCH] staging: dgap: use schedule_timeout_interruptible() instead
 of dgap_ms_sleep()
Message-ID: 20140916033333.GA26821@devel
MIME-Version: 1.0
Content-Type: text/plain; charset=us-ascii
Content-Disposition: inline
User-Agent: Mutt/1.5.20 (2009-12-10)
// 여기까지는 현재 이 메일 스레드의 헤더 정보를 담고 있다.

Using schedule_timeout_interruptible() is exactly same as
setting a status of current process and calling schedule_timeout().

Removes dgap_ms_sleep(), because this function is used
only when closing tty channel on dgap_tty_close().
And also removes ch_close_delay that is always set to 250
on dgap_tty_init().

Signed-off-by: Daeseok Youn ⟨daeseok.youn@gmail.com⟩
// 헤더 아래부터 여기까지는 Changelog, 즉 커밋 로그의 내용이 들어간다.

// 여기부터 중요하다, '——'은 실제 diff 내용과 changelog의 구분선인데, diff 명령이 나오
기 전까지는 커밋으로 들어가지 않는 정보다. 즉, '——' 아래에 남기고 싶은 메시지를 적으면 실
제 커밋이 Git 저장소에 푸시되더라도 이 메시지는 남아 있지 않는다.
——

 drivers/staging/dgap/dgap.c │   36 ++++++————————————————————
 drivers/staging/dgap/dgap.h │   3 ——
 2 files changed, 6 insertions(+), 33 deletions(-)

diff ——git a/drivers/staging/dgap/dgap.c b/drivers/staging/dgap/dgap.c
index 67da1d5..8aff0de 100644
—— a/drivers/staging/dgap/dgap.c
+++ b/drivers/staging/dgap/dgap.c

```
@@ -180,7 +180,6 @@ static char *dgap_create_config_string(struct board_t *bd,
char *string);
 static uint dgap_config_get_useintr(struct board_t *bd);
 static uint dgap_config_get_altpin(struct board_t *bd);

-static int dgap_ms_sleep(ulong ms);
 static void dgap_do_bios_load(struct board_t *brd, const u8 *ubios, int len);
〈중략〉
@@ -2297,12 +2273,12 @@ static void dgap_tty_close(struct tty_struct *tty,
struct file *file)
                 * Go to sleep to ensure RTS/DTR
                 * have been dropped for modems to see it.
                 */
-               if (ch->ch_close_delay) {
-                       spin_unlock_irqrestore(&ch->ch_lock,
-                                       lock_flags);
-                       dgap_ms_sleep(ch->ch_close_delay);
-                       spin_lock_irqsave(&ch->ch_lock, lock_flags);
-               }
+               spin_unlock_irqrestore(&ch->ch_lock,
+                       lock_flags);
+               /* .25 second delay for dropping RTS/DTR */
+               schedule_timeout_interruptible(msecs_to_jiffies(250));
+               signal_pending(current);
+               spin_lock_irqsave(&ch->ch_lock, lock_flags);
        }

        ch->pscan_state = 0;
〈중략〉
--
1.7.1
```

리뷰를 확인하고 다음 버전의 패치를 만들어 전달해야 하는데, 기존 패치에서 무엇이 바뀌었는지 의견을 남겨야 한다. 그래서 다음 패치를 만들어 보냈다. 이 패치에 '---'(구분선)이 있는데, 이 선 바로 아래에 코멘트를 남겼다. Reviewer에게 '이것은 패치 버전 2며 버전 2에서는 singal_pending ( )을 삭제했다'는 것을 알려

준다. 실제로 이 버전이 병합되면 코멘트는 커밋에는 반영되지 않는다.

```
// header 정보는 생략한다.
Using schedule_timeout_interruptible() is exactly same as
setting a status of current process and calling  schedule_timeout().

Removes dgap_ms_sleep(), because this function is used
only when closing tty channel on dgap_tty_close().
And also removes ch_close_delay that is always set to 250
on dgap_tty_init().

Signed-off-by: Daeseok Youn <daeseok.youn@gmail.com>
---
V2: remove singal_pending().

 drivers/staging/dgap/dgap.c |  37 ++++++------------------------
 drivers/staging/dgap/dgap.h |   3 ---
 2 files changed, 7 insertions(+), 33 deletions(-)

diff --git a/drivers/staging/dgap/dgap.c b/drivers/staging/dgap/dgap.c
index 67da1d5..db8ccd1 100644
--- a/drivers/staging/dgap/dgap.c
+++ b/drivers/staging/dgap/dgap.c
@@ -180,7 +180,6 @@ static char *dgap_create_config_string(struct board_t *bd,
char *string);
 static uint dgap_config_get_useintr(struct board_t *bd);
 static uint dgap_config_get_altpin(struct board_t *bd);

-static int dgap_ms_sleep(ulong ms);
 static void dgap_do_bios_load(struct board_t *brd, const u8 *ubios, int len);
 static void dgap_do_fep_load(struct board_t *brd, const u8 *ufep, int len);
 #ifdef DIGI_CONCENTRATORS_SUPPORTED
<중략>
@@ -2297,12 +2273,13 @@ static void dgap_tty_close(struct tty_struct *tty,
struct file *file)
		 * Go to sleep to ensure RTS/DTR
		 * have been dropped for modems to see it.
		 */
-		if (ch->ch_close_delay) {
-			spin_unlock_irqrestore(&ch->ch_lock,
```

```
-                                     lock_flags);
-                dgap_ms_sleep(ch->ch_close_delay);
-                spin_lock_irqsave(&ch->ch_lock, lock_flags);
-        }
+                spin_unlock_irqrestore(&ch->ch_lock,
+                        lock_flags);
+
+                /* .25 second delay for dropping RTS/DTR */
+                schedule_timeout_interruptible(msecs_to_jiffies(250));
+
+                spin_lock_irqsave(&ch->ch_lock, lock_flags);
        }

        ch->pscan_state = 0;
```

〈중략〉

--

1.7.1

6.8 패치 Versioning

패치를 만들어 보내면 처음에는 누락되거나 잘못 수정된 부분이 생긴다. 그래서 현재 보낸 패치를 수정해 새로 패치를 만들고 다시 보내는 방법을 소개한다. 패치를 보낼 때 변경해야 하는 사항은 패치 내용, 메일 제목 그리고 앞에서 설명한 코멘트다.

한 개의 패치를 만들고 메일로 보냈으며 이를 리뷰받아 수정사항이 생겼다고 가정해 보자.

1. 일단 리뷰를 보고 관련 사항을 수정한다.

```
git add && git commit —amend
git format-patch HEAD^ -o /patch/directory
```

2. 제목을 수정한다.

1차로 보낸 제목이 '[PATCH] staging: abc: fix coding style'이라면 2차에서
는 '[PATCH V2] staging: abc: fix coding style'로 변경한다.

3. 코멘트를 남긴다.

Maintainer에게는 하루에 수백 개의 패치가 전달된다. 그래서 제목에 'V2'라
고 넣었으면 처음 보낸 것에서 무엇이 변경되었는지 간략하게 메시지를 남겨야 한
다. 앞에서 설명한 코멘트를 남기는 곳 앞에 버전을 쓰고, 해당 버전에서 수정된
사항이 무엇인지 기록한다.

```
V2: remove white space.
```

여기에 추가로 변경 사항이 생기면 1번으로 돌아가 다시 작업하고 제목 앞에는
[PATCH V3]로 변경하며 코멘트에는 다음 내용을 적는다.

```
V3: need to add a blank line.
V2: remove white space.
```

6.9 패치 Rebase

많은 사람이 개발에 참여하고 있는 프로젝트인 만큼 같은 파일을 수정하는 경우가
많다. 특히 코딩 스타일은 같은 내용의 패치가 보내지는 경우도 빈번하다. 같은 내
용의 패치일 때는 Maintainer가 이미 다른 사람이 해당 내용을 보냈다고 메일로
알려 준다. 하지만 같은 파일의 다른 패치 내용 때문에 패치가 병합되는 과정에서
충돌Conflict이 발생하면 rebase하고 충돌이 생긴 부분을 수정하여 패치의 버전을
변경한 뒤 다시 전달한다.

기본적인 rebase의 동작을 살펴보자. [그림 6-2]를 보면 명령 세 번으로 rebase
가 진행된다. 먼저 패치를 만들기 위해 'dev/cs-module1'이라는 브랜치를 생성
하고 D, E의 커밋을 진행한다. 이때 리모트 저장소(master)를 업데이트했는데 F,
G 커밋이 추가적으로 생겼다. 현재 브랜치(dev/cs-module1)에서 master 브랜치
를 업데이트하는 명령은 $ git pull ⟨remote⟩ ⟨local branch⟩인데, 이 그
림에서는 다음 명령이 된다.

```
$ git pull origin master
```

참고로, origin이란 이름은 .git/config 파일에서도 확인할 수 있고 git branch
-a로도 확인할 수 있다.

```
// 다음 내용은 현재 필자가 사용하는 저장소의 상태다.
$ git branch -a
  dgap-rearrange
  master
* rebase-conflict
  staging-next
  staging-testing
  remotes/origin/HEAD -> origin/master
  remotes/origin/master
  remotes/origin/opw-next
  remotes/origin/staging-linus
  remotes/origin/staging-next
  remotes/origin/staging-testing
  remotes/origin/test
  remotes/origin/work-temp
```

remotes[03]⟨remote branch⟩ 형태로 표현된다. origin이란 이름으로 리모트 저
장소의 내용을 업데이트하면 [그림 6-2]의 master에 'G' 커밋까지 받아오게 된

다. 여기서 'remotes'는 실제 HTTP 또는 Git으로 된 저장소의 URL 별칭^{alias}이
다. git remote -v 명령을 실행하면 remotes의 origin이 알고 있는 저장소의
주소를 출력해 준다.

여기서는 'dev/cs-module1' 브랜치에 master에 업데이트된 내용을 적용하고 싶
으므로 git rebase 명령을 사용해 보자(현재 작업 브랜치는 dev/cs-module1이다).

```
$ git rebase master
```

rebase 명령을 실행하고 나서 dev/cs-module1에 있는 커밋과 master에 업
데이트된 커밋이 충돌이 나지 않는다고 가정하면 [그림 6-2]의 오른쪽 트리처럼
F, G 커밋이 선행해 오고 D, E 커밋이 그다음 적용된다.

그림 6-2 git rebase 예제

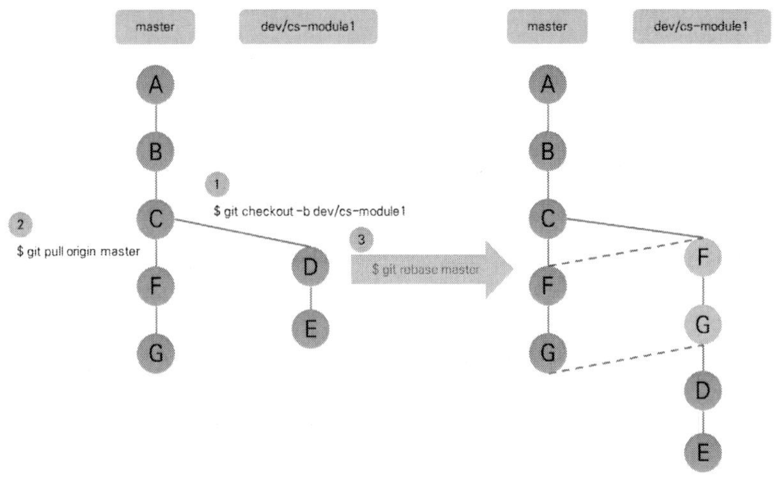

이제 rebase 명령을 실행한 후 충돌 상태를 만들어 해결해 보자. 상황은 [그림
6-3]과 같다. [그림 6-2]처럼 로컬 브랜치를 만들고 작업했는데, 리모트 브랜치가
업데이트되어 추가로 E 커밋이 생겼다. 이 E 커밋을 현재 작업 브랜치에 병합하고

rebase를 하려고 보니 D 커밋과 충돌이 생겼다.

그림 6-3 git rebase의 충돌 예시

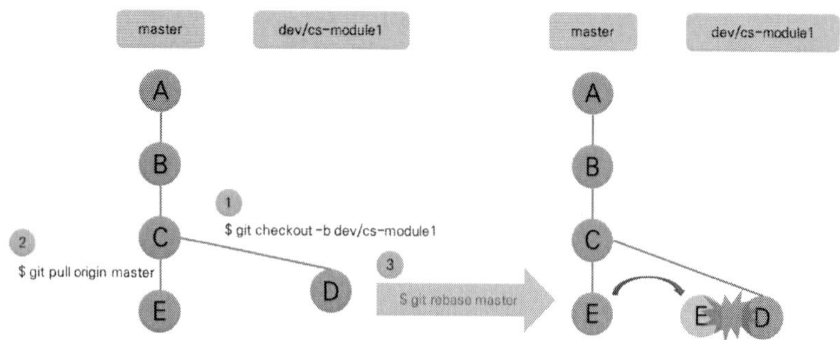

dev/cs-module1 작업 브랜치에서 git pull origin master 명령을 실행하고 git rebase master를 입력했을 때 발생하는 오류 로그를 살펴보자. 로그를 보면 병합 과정 중 특정 파일에서 출동이 발생하였으니 이를 해결하고 git rebase --continue를 하거나 git rebase --abort로 중지하라고 알려 준다.

```
$ git rebase master
First, rewinding head to replay your work on top of it...
Applying: staging: dgap: adds a function for testing rebase branch.
Using index info to reconstruct a base tree...
Falling back to patching base and 3-way merge...
Auto-merging drivers/staging/dgap/dgap.c
CONFLICT (content): Merge conflict in drivers/staging/dgap/dgap.c
Failed to merge in the changes.
Patch failed at 0001 staging: dgap: adds a function for testing rebase
branch.

When you have resolved this problem run "git rebase —continue".
If you would prefer to skip this patch, instead run "git rebase —skip".
To restore the original branch and stop rebasing run "git rebase —abort".

$ git diff
diff —cc drivers/staging/dgap/dgap.c
index f4f28f3,d012c22..0000000
— a/drivers/staging/dgap/dgap.c
```

```
+++ b/drivers/staging/dgap/dgap.c
@@ -70,18 -70,12 +70,27 @@ MODULE_AUTHOR("Digi International, http
  MODULE_DESCRIPTION("Driver for the Digi International EPCA PCI based
 product line");
  MODULE_SUPPORTED_DEVICE("dgap");

++<<<<<<< HEAD
 +static void rebase(void)
 +{
 +      int ret = 0;
 +      // This is master branch of development.
 +      // need to rebase this code.
 +      ret = function_foo();
 +
 +      if (!ret) {
 +              // failed case
 +      }
 +      return 0;
 +}
++=======
+ // rebase test : add a commit into "rebase-test" branch
+ static void rebase(void)
+ {
+       pr_err("This is in \"rebase-test\" branch\n");
+ }
+
++>>>>>>> staging: dgap: adds a function for testing rebase branch.
  static int dgap_start(void);
  static void dgap_stop(void);
  static void dgap_init_globals(void);
```

git diff로 어떤 부분에서 충돌이 났는지 점검하기 전에 HEAD가 어떤 것인지
확인해야 한다. rebase 명령어로 진행하면 [그림 6-3]에서 봤을 때, E 커밋이 먼
저 오고 작업 브랜치에서 만든 D 커밋이 상위로 올라가게 된다. 그렇다면 HEAD는
E 커밋이 되고 그다음에 올려질 D 커밋이 추가 커밋이 된다(rebase는 작업하고 있
는 브랜치를 remote의 최신 내용으로 업데이트한 다음 추가로 자신이 만든 커밋을 최상위로 올리
는 작업이기 때문이다). 그렇다면 '<<<<<<< HEAD'부터 '======='까지가 리모트에서

업데이트하려던 E 커밋이 되고 '======'부터 '>>>>>>> staging: dgap: adds a function for testing rebase branch.'까지가 내가 작업한 D 커밋이 된다.

브랜치끼리 병합될 때 커밋을 하나씩 스택에 쌓아 올리는데, 충돌이 난다면 먼저 병합된 커밋이 HEAD가 되고 다른 부분이 추가로 올라가는 커밋이 된다는 것을 유의해야 한다.

이제 충돌을 해결해 보자. 다음 3가지 상황이 있을 수 있다.

1. remote(즉, master) 내용만 있으면 되는 경우

내가 작업한 커밋 D는 필요가 없다. 이때는 $ git rebase - abort를 실행해 rebase하던 상태를 종료하고 자신이 작업한 커밋은 해당 작업 브랜치를 단순히 지우면 된다.

```
$ git checkout master
$ git branch -D dev/cs-module1
```

2. 자신의 작업만 있으면 되는 경우

리모트 저장소에 이미 리뷰하여 병합되었으니 내 커밋으로 대체해야 한다(사실 이런 경우는 거의 없다). 앞의 예제에서 'HEAD'부터 '====='까지 완전히 지우고, 코드에 불필요한 '>>>>>>> staging: dgap: adds a function for testing rebase'도 같이 지우고 저장한다. 그러면 다음 메시지와 함께 정상적으로 적용된다.

```
$ git add <file path>
$ git rebase  - continue
Applying: staging: dgap: adds a function for testing rebase branch.
```

그리고 패치를 이메일로 전달하면 된다. 물론 이에 상응하는 메시지를 Changelog에 넣어야 한다.

3. 리모드 내용과 자신의 커밋 내용이 같이 들어가야 하는 경우

이것은 2번과 동일한 작업이 된다. HEAD 부분을 완전히 정리하지 말고, 자신의 커밋 내용과 잘 조합하여 정리한 다음 2번과 같은 명령으로 진행하면 된다. 충돌을 해결하고 커밋하면, D 커밋의 내용이 새로 업데이트된다. 3번과 같은 상황은 종종 만날 수 있으니 알아두면 좋다.

6.10 커버 패치 만들기

커버^{Cover} 패치는 어떤 문제나 새로운 기능을 위해 여러 커밋으로 구성되는 경우가 있다. 단순히 서로 다른 형태의 코딩 스타일을 고치고 여러 개의 패치를 보낼 때는 커버 페이지를 만들 필요가 없다. 패치 하나하나의 ChangeLog만으로도 모두 설명할 수 있다. 하지만 때로는 새로운 기능을 하나 추가하기 위해 패치를 만들었는데 여러 개의 패치로 나누어질 수도 있고, 특정 버그를 해결하기 위해 처음부터 이렇게 만들 수도 있다. 이때는 이 패치들의 조합이 어떤 기능을 수행하였고, 어떤 버그를 해결한다는 것을 알려 줄 필요가 있다. 리눅스 커널 패치를 하다 보면 나중에는 중요한 패치를 할 수도 있으니 이 방법을 알아보자.

명령은 간단하다. 5장에서 살펴보았듯이, 패치를 이메일로 보내기 위해 패치를 파일 형태로 만들었다. 그 명령 커맨드에 "--cover-letter"라는 추가 옵션만 넣으면 된다.

```
$ git format-patch HEAD^ -o ../patches/ --cover-letter
```

이 명령을 입력하면 0000-cover-letter.patch라는 파일이 만들어지는데, 맨 앞의 0000은 0번째 패치라는 것을 의미한다. 일반적으로 패치는 0001로 시작하여 개수만큼 숫자가 늘어나는데, 0번째 패치는 커버 패치가 된다.

예를 들어, 내 작업 브랜치에 다음처럼 직접 작업한 커밋 3개가 연속으로 있고 이에 대한 설명으로 커버 패치를 만든다고 가정해 보자.

```
commit c74920124750e5270c689d8c892a1c4263e5a547
Author: Daeseok Youn <daeseok.youn@gmail.com>
Date:    Tue Sep 23 09:22:36 2014 +0900

    staging: dgap: use dgap_release_remap() in dgap_cleanup_board()

    Just simply use dgap_release_remap() in dgap_cleanup_board() for
    releasing map memory.

    Signed-off-by: Daeseok Youn <daeseok.youn@gmail.com>
    Signed-off-by: Greg Kroah-Hartman <gregkh@linuxfoundation.org>

commit b23e487903ae1cf5d06c14fa719555dead0f5ae4
Author: Daeseok Youn <daeseok.youn@gmail.com>
Date:    Tue Sep 23 09:22:08 2014 +0900

    staging: dgap: adds missing iounmap for re_map_port in dgap_release_
remap()

    Signed-off-by: Daeseok Youn <daeseok.youn@gmail.com>
    Signed-off-by: Greg Kroah-Hartman <gregkh@linuxfoundation.org>

commit 476f6bc80ba98ce4feab8eb90ed389b6cd47d613
Author: Daeseok Youn <daeseok.youn@gmail.com>
Date:    Tue Sep 23 09:21:38 2014 +0900

    staging: dgap: remove unused 'runwait' variable

    Signed-off-by: Daeseok Youn <daeseok.youn@gmail.com>
    Signed-off-by: Greg Kroah-Hartman <gregkh@linuxfoundation.org>
```

참고로, HEAD~3은 HEAD를 포함해 순서대로 3개의 패치를 만들어준다. 다음처럼 0000-cover-letter.patch가 만들어졌다.

```
$ git format-patch HEAD~3 -o ../patches/ --cover-letter
../patches/141024/reviewing/0000-cover-letter.patch
../patches/141024/reviewing/0001-staging-dgap-remove-unused-runwait-variable.
patch
../patches/141024/reviewing/0002-staging-dgap-adds-missing-iounmap-for-re_map_
```

port-in.patch
../patches/141024/reviewing/0003-staging-dgap-use-dgap_release_remap-in-dgap_
cleanup_.patch

파일을 열어보자. 어떤 커밋의 집합인지, 어떤 파일들이 수정되었는지에 대한 정
보가 생성된다. 여기서 *** SUBJECT HERE *** 부분에 적절한 제목을 적어 주
고, *** BLURB HERE *** 부분에 이 집합의 내용을 적어 주면 된다. 앞으로 메일
링 리스트를 받아 보면 0번째 패치를 간간이 볼 수 있을 것이다. 이것을 참고하여
작성하면 된다. 그리고 패치를 보낼 때처럼 메일을 보내면 된다.

```
From c74920124750e5270c689d8c892a1c4263e5a547 Mon Sep 17 00:00:00 2001
From: Daeseok Youn <daeseok.youn@gmail.com>
Date: Fri, 24 Oct 2014 19:58:25 +0900
Subject: [PATCH 0/3] *** SUBJECT HERE ***

*** BLURB HERE ***

Daeseok Youn (3):
  staging: dgap: remove unused 'runwait' variable
  staging: dgap: adds missing iounmap for re_map_port in
    dgap_release_remap()
  staging: dgap: use dgap_release_remap() in dgap_cleanup_board()

 drivers/staging/dgap/dgap.c |   25 +++++++++--------------
 drivers/staging/dgap/dgap.h |    1 -
 2 files changed, 10 insertions(+), 16 deletions(-)
```

6.11 패치 시리즈 중 일부 패치만 수정하기

5장에서 패치를 한 번에 3개를 만들어 보냈다. 이처럼 개발하다 보면 여러 개의
패치를 한 번에 보낼 경우도 있다. 이때 아무 문제 없이 받아들여지면 좋지만, 하
나 또는 그 이상의 패치를 다시 수정하는 일이 발생한다.

6장의 초반부에서 작업 브랜치를 만들어서 작업했다. 이 작업 브랜치는 자신의 커밋은 몇 개가 되더라도 최상위부터 연속적이다. 맨 위의 커밋에 변경 사항이 생기면 수정 후 다음과 같이 간단히 끝난다.

```
$ git add path/to/your/file1 path/to/your/file2 && git commit --amend
```

이 명령으로 최상위의 커밋에 추가 변경 사항이 반영되고 해당 패치만 다시 메일로 전송하면 된다. 물론 format-patch 명령어가 모든 커밋을 다시 생성하도록 만들어 준다. 즉, 처음의 git format-patch 명령을 그대로 다시 실행한다. 그리고 수정된 커밋만 다시 메일을 보내면 된다 (물론 제목에 V2라는 것과 코멘트에 V2의 수정사항을 기록해야 한다).

그러나 한 커밋만 수정되었다고 이 커밋을 위한 패치만 다시 만들어 보내면 패치 시리즈의 번호가 바뀌게 된다. 예를 들어, 3개의 패치를 만들어 보내면 1/3, 2/3, 3/3으로 번호를 보내게 되는데, 이중 3/3을 업데이트하여 V2로 패치를 만든다면 번호는 1/1이 된다. V2라면 기존에 보낸 패치를 찾을 수 있어야 하는데, 패치 번호가 바뀌어 Maintainer는 다시 확인을 요청할 것이다. 이런 경우에는 앞서 보낸 1/3, 2/3, 3/3(V2)를 다시 보내야 하는 문제가 발생한다.

이처럼 최상위 커밋이 아닌 시리즈의 중간, 예를 들어 5개 중 2번째 보낸 패치가 수정되어야 할 때 어떻게 해야 하는지 알아보겠다.

다음과 같은 3개의 패치가 있는데, 맨 아래에 있는 "staging: dgap: remove unused 'runwait' variable"에 수정이 필요하다고 가정해 보자. 시간 순서로 보면 이 패치가 제일 먼저 수정되었고, 이 수정 때문에 이후에 다른 패치에 의존성이 생겼다

```
commit c74920124750e5270c689d8c892a1c4263e5a547
Author: Daeseok Youn <daeseok.youn@gmail.com>
```

Date: Tue Sep 23 09:22:36 2014 +0900

    staging: dgap: use dgap_release_remap() in dgap_cleanup_board()

    Just simply use dgap_release_remap() in dgap_cleanup_board() for
    releasing map memory.

    Signed-off-by: Daeseok Youn <daeseok.youn@gmail.com>
    Signed-off-by: Greg Kroah-Hartman <gregkh@linuxfoundation.org>

commit b23e487903ae1cf5d06c14fa719555dead0f5ae4
Author: Daeseok Youn <daeseok.youn@gmail.com>
Date: Tue Sep 23 09:22:08 2014 +0900

    staging: dgap: adds missing iounmap for re_map_port in dgap_release_
remap()

    Signed-off-by: Daeseok Youn <daeseok.youn@gmail.com>
    Signed-off-by: Greg Kroah-Hartman <gregkh@linuxfoundation.org>

commit 476f6bc80ba98ce4feab8eb90ed389b6cd47d613
Author: Daeseok Youn <daeseok.youn@gmail.com>
Date: Tue Sep 23 09:21:38 2014 +0900

    staging: dgap: remove unused 'runwait' variable

    Signed-off-by: Daeseok Youn <daeseok.youn@gmail.com>
    Signed-off-by: Greg Kroah-Hartman <gregkh@linuxfoundation.org>

일단 그 패치로 최상위 수정사항으로 만들어 보자. 다음 명령을 실행하면 해당 패치로 rebase가 되고 이 패치를 최상위 커밋으로 만들 수 있다('^'을 빼면 이 위의 패치에 rebase되니 주의한다).

```
$ git rebase —interactive 476f6bc80ba98ce4feab8eb90ed389b6cd47d613^
```

앞의 명령을 입력하면 수정 화면이 나오는데, 지금 rebase가 될 패치들의 목록이 보이고 의도대로 3개의 커밋이 있다.

```
pick 476f6bc staging: dgap: remove unused 'runwait' variable
pick b23e487 staging: dgap: adds missing iounmap for re_map_port in dgap_
release_remap()
pick c749201 staging: dgap: use dgap_release_remap() in dgap_cleanup_board()

# Rebase d40f0d8..c749201 onto d40f0d8
#
# Commands:
#  p, pick = use commit
#  r, reword = use commit, but edit the commit message
#  e, edit = use commit, but stop for amending
#  s, squash = use commit, but meld into previous commit
#  f, fixup = like "squash", but discard this commit's log message
#
# If you remove a line here THAT COMMIT WILL BE LOST.
# However, if you remove everything, the rebase will be aborted.
#
```

아랫부분의 주석에 pick/reword/edit/squash/fixup 명령어가 있는데 이 중에서 edit와 pick만 쓰면 된다. 현재 수정하려는 커밋은 가장 위에 보이는 'pick 476f6bc staging: dgap: remove unused 'runwait' variable;이다. 여기서 pick이라는 부분을 edit로 변경한다. 즉, pick이란 글자는 완전히 지우고 edit라는 문자로 변경해야 한다.

```
edit 476f6bc staging: dgap: remove unused ‘runwait’ variable
```

그리고 ':wq' 편집기 명령어로 저장하고 빠져 나온다. 그러면 다음처럼 해당 커밋에 일단 멈춘다. 이 커밋을 수정한 다음 git commit --amend를 실행하고 작업이 완료되면 git rebase --continue를 진행하라고 친절히 알려 준다.

```
$ git rebase —interactive 476f6bc80ba98ce4feab8eb90ed389b6cd47d613^
```

```
Stopped at 476f6bc... staging: dgap: remove unused 'runwait' variable
You can amend the commit now, with
        git commit --amend
Once you are satisfied with your changes, run
        git rebase --continue
```

그다음 git log로 확인해 보면 "staging: dgap: remove unused 'runwait' variable"의 커밋이 최상위에 올라와 있다. 리뷰에 맞게 수정하고, 수정이 완료되면 다음 명령을 실행한다.

```
$ git add /path/file1 /path/file2 && git commit --amend
```

추가 설명이 있다면 기록해 주고 없으면 그냥 진행한다.

```
$ git rebase --continue
Successfully rebased and updated refs/heads/dev/cs-module1.
```

git rebase - continue로 하나씩 차곡차곡 커밋을 쌓아올린다. 아무 문제 없이 진행된다면 앞의 로그처럼 rebase가 잘 되었다는 메시지가 나온다. 하지만 충돌이 생기면 앞에서 설명한(6.9 패치 rebase) 방법으로 충돌을 해결하고 git add && git commit --amend와 git rebase - continue를 다시 진행한다.

커밋이 rebase되어 올라갈 때마다 충돌이 날 수도 있고, 충돌 없이 rebase가 될 수도 있다. 충돌 없이 진행되었다면 format-patch로 모든 커밋을 재생성한 후(현재 예제에서는 3개 모두), 수정된 패치만 다시 메일로 보내면 되고, 충돌이 발생하여 수정되었다면 수정된 패치까지 다시 보내 줘야 한다. 패치에는 숫자로 순서가 정해져 있으므로 수정된 패치만 따로 보내도 문제없다. 하지만 원래 의도했던 수정 외에 단순 rebase 때문에 수정되었다면 패치 제목에 [PATCH 2/3 RESEND]라고 넣고 패치의 코멘트 부분에 'RESEND: this patch is rebased by previous modification' 등의 메시지를 남기면 된다.

수정사항만 있다면 선별하여 패치를 보내면 되고, 보낸 패치 중 시간 순서가 빠른 것이 두 개 이상으로 쪼개지거나 두 개 이상의 패치가 하나로 모아져야 한다면 여기서 설명한 방법으로 해결할 수 있다. 일단 git rebase --interactive로 원하는 패치를 rebase한 후에 패치 나누기 및 합치기 방법으로 진행하고 git rebase --continue로 나머지 패치에서 충돌이 있다면 해결해 가면서 처리하면 된다.

이런 경우에는 패치 시리즈의 총 개수가 변경된다. 즉, 3개를 보내면 PATCH 1/3, 2/3, 3/3으로 보내는데 2/3이 둘로 나누어졌다면 총 4개가 되므로 모든 패치의 숫자를 변경하여 다시 보내야 한다. 또한, 번호가 변경되었지만 같은 내용의 패치를 보내는 것이므로 수정되지 않은 패치들은 제목이 [PATCH RESEND 1/4]으로 시작해야 하고 RESEND의 이유를 잘 적어 보내야 한다.

같은 모듈/같은 파일의 수정사항 보내기

Staging 하위 모듈의 드라이버 중에서 무작위로 선택하여 코딩 스타일을 고치다가 어느 시점에는 하나의 모듈을 선택해 지속해서 패치하는 경우가 생긴다. 무작위로 하다 보면 어떻게 패치를 만들어야 할지 깨닫게 되고, 나중에는 하나를 택해서 천천히 살펴보면서 꾸준히 패치하게 된다.

필자가 드라이버 하나를 선택해서 꾸준히 패치하던 중 전날 패치를 3개 보냈는데, Maintainer가 확인하기 전에 다음 날 새로 패치를 만들어서 이를 어떻게 해야 하나 고민한 적이 있다. 그래서 필자는 전날 보낸 3개와 다음 날 만든 3개를 합쳐서 총 6개의 패치를 보냈었다.

전날 보낸 패치는 다음과 같다.

```
[PATCH 1/3] staging: dgap: A
[PATCH 2/3] staging: dgap: B
[PATCH 3/3] staging: dgap: C
```

다음 날 만든 패치는 다음과 같다.,

```
[PATCH 1/3] staging: dgap: E
[PATCH 2/3] staging: dgap: F
[PATCH 3/3] staging: dgap: G
```

두 패치를 합쳐 다음과 같이 다시 패치 넘버링을 해서 보냈다.

```
[PATCH 1/6] staging: dgap: A
[PATCH 2/6] staging: dgap: B
[PATCH 3/6] staging: dgap: C
[PATCH 4/6] staging: dgap: E
[PATCH 5/6] staging: dgap: F
[PATCH 6/6] staging: dgap: G
```

하지만 이렇게 보내면 안 된다. 보내진 패치는 Maintainer의 패치 큐에 쌓이고 순서대로 하나씩 처리되므로 아직 처리되지 않았더라도 이미 보내진 것과 무관하게 패치 넘버링을 해야 한다. 따라서 다음 날 만든 E, F, G만 보내면 된다. 만약 전날 보낸 A, B, C 중 패치가 거절되거나 추가 수정사항이 있다면 Maintainer가 이를 보낸 사람에게 확인 메일을 보내므로 그때 다시 만들어 보내거나 rebase해서 전달하면 된다.

6.12 다른 개발자의 패치 다운로드와 적용

리눅스 커널을 꾸준히 개발하다 보면 다른 개발자의 패치를 적용하고 테스트해 보고 싶을 때가 많다. 단순히 코딩 스타일만을 확인한다면 리눅스 커널 소스에 적용해 보지 않더라도 checkpatch.pl 스크립트를 이용해 확인하거나 메일에서 패치 내용만 봐도 충분히 검토할 수 있다. 하지만 실제 적용하고 컴파일해서 테스트까지 해야 할 경우도 있다.

이번에는 Mutt를 이용해 다른 개발자의 패치를 내려받아 적용하는 방법을 알아보자. 일단 고려해야 할 것은 내려받으려는 패치가 다른 패치에 의존성이 있는지다. 일단 적용해 보고 문제가 생긴다면 먼저 적용해야 하는 다른 패치가 있다는 의미지만 대부분 최신 소스를 받아 적용하므로 문제없이 진행될 것이다.

먼저 Mutt를 실행한다.

그림 6-4 Mutt 실행 초기 화면

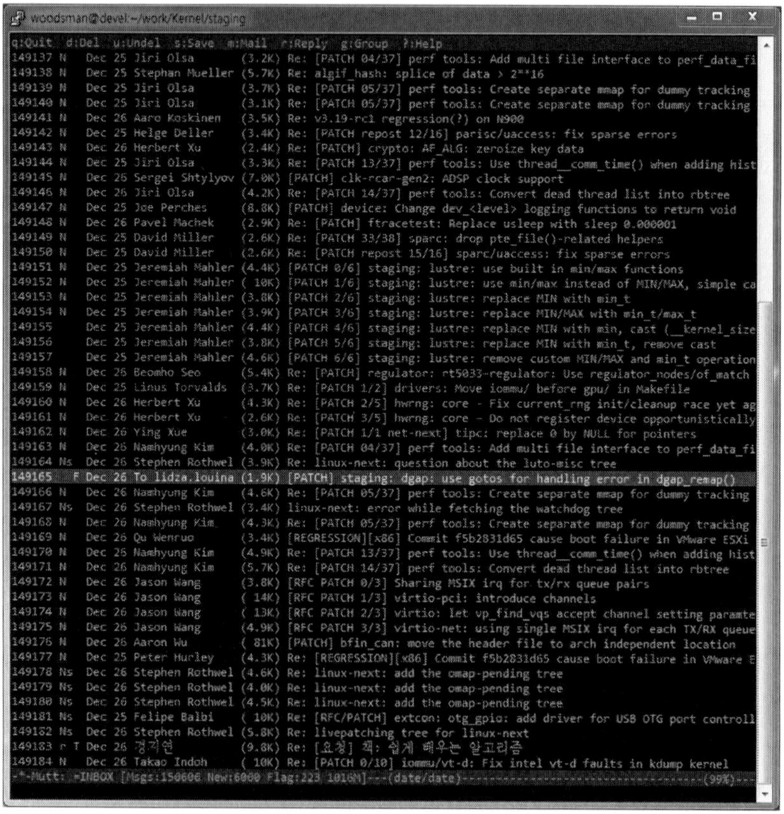

실행하면 [그림 6-4]처럼 메일이 모두 보인다(리눅스 커널 메일링 리스트의 패치를 볼 때는 Gmail로 보자). 그중 적용해 보고 싶은 패치가 있다면 Mutt가 실행된 상태에서 '/'를 입력해서 정확한 제목을 검색한다. 해당 메일을 찾아 저장하고 싶으면 's'를

입력한다. 저장 메뉴가 Mutt 가장 아랫부분에 나오는데, 기본으로 mailbox에 저장할 수 있지만 여기서는 로컬 PC의 특정 디렉터리에 내려받으므로 변경해야 한다. 's'를 누르면 첫 번째 받는 사람의 ID로 mailbox에 저장하겠느냐는 질의가 나온다.

```
Save to mailbox ('?' for list): =lidza.louina
```

이를 무시하고 파일로 저장해 보자. 앞의 상태에서 저장하고 싶은 파일 경로를 바로 입력하면 된다. 필자는 다음과 같이 입력했다(지금 저장하려는 패치는 아직 적용되지 않은 필자의 패치이며, 다른 패치도 같은 방법으로 받을 수 있다).

```
Save to mailbox: /home/kernel/patch-1219.patch
```

경로를 입력하면 해당 패치의 내용이 지정된 경로에 파일로 만들어진다. 파일을 열어 보면 메일로 보내지는 패치의 내용이 그대로 보인다.

이제 패치를 적용해 보자. 최신 리눅스 커널로 먼저 업데이트하고, git am 명령어로 적용하면 된다. 다음처럼 Applying 메시지로 아무 문제 없이 잘 적용되었음을 알 수 있다.

```
$ cd /path/to/linux/kernel
$ git am /path/to/downloaded/patch-1219.patch
Applying: staging: dgap: use gotos for handling error in dgap_remap()
```

만약 git am으로 적용되지 않는다면 git apply -3 path-1219.patch로 진행해 볼 수 있다. git am는 충돌 상황일 때는 적용을 시도하지 않지만, git apply -3은 충돌 상태로 패치를 적용해 준다. 이때는 충돌 상태를 정리하고 패치 리뷰를 진행하면 된다.

여기서 설명한 내용은 가장 단순하게 다른 개발자의 패치를 적용하는 방법이며, 향후 다양한 상황에서 적용하는 방법을 익혀 나갈 수 있을 것이다.

## chapter 7

리눅스 커널 메일링 리스트 구독하기

리눅스 커널 메일링 리스트는 세부 목적에 맞게 서브 시스템별로 잘 나누어져 있다. 이 메일링 리스트를 확인하는 것은 다른 개발자들이 어떤 패치를 만들고 있는지 뉴스를 보듯이 살펴보는 것이다. 물론 잘 알고 있거나 관심이 있는 서브 시스템을 선별하여 보는 방법이 중요하다. 관심이 있다면 재미있는 뉴스가 될 것이고, 아니라면 그냥 쓰레기통으로 버려질 내용이 될 것이다. 각자 자신에 맞는 내용을 잘 선별하여 매일 적당히 보는 습관을 들인다면 메일링 리스트만큼 좋은 정보통은 없다. 이제, 메일링 리스트를 확인하고 구독하는 방법을 알아보자.

7.1 메일링 리스트 선택하기

먼저 리눅스 커널 메일링 리스트의 관리 페이지에 접근하여 확인해 보자. Google에서 '리눅스 커널 mailing List'라고 검색하면 첫 화면에 'Majordomo at VGER.KERNEL.ORG'[01]가 보일 것이다. 클릭해 이동해 보자. 사이트 상단에 링크가 걸린 문자열이 모두 메일링 리스트다. 필자가 모든 메일링 리스트를 확인해 보진 못했지만, 이 중 linux-kernel 메일링을 받아 보면 리눅스 커널의 모든 패치를 메일로 받아 볼 수 있을 것이다. 하나를 지정해서 봐도 되지만 처음에는 linux-kernel을 받아 Gmail의 필터 기능을 이용해 분류하고 분류된 메일만 보면 된다.

---

01 주소창에 http://vger.kernel.org/vger-lists.html를 입력해서 직접 접속해도 된다

linux-kernel 메일링 리스트에는 하루에 많게는 1000개씩 패치가 올라온다.
여기에는 패치뿐만 아니라 패치에 대한 리뷰도 함께 올라온다.

7.2 메일링 리스트 구독하기

이제 linux-kernel 메일링 리스트에 가입해 보자. 메일링 리스트를 구독하겠
다는 간단한 메시지만 보내면 된다. Gmail로 메일을 보내 보자. 받는 사람에는
'majordomo@vger.kernel.org'를 입력하고 제목은 비워 두며 내용에는 단순
히 'subscribe linux-kernel'이라고 입력한다.

그림 7-1 메일링 리스트 구독 신청

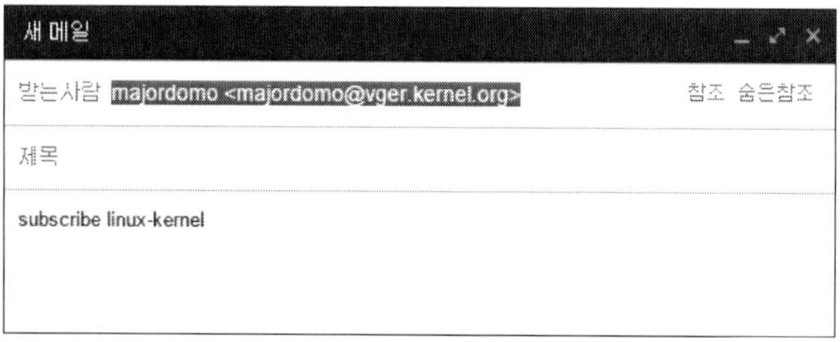

메일을 보내면 5분 내로 답장이 온다. 메일링 리스트의 로그와 구독 신청을 확인
하는 메일인데, 앞의 메일은 의미 없는 메일이므로 다음 내용의 메일만 보면 된다.

```
Someone (possibly you) has requested that your email address be added
to or deleted from the mailing list "linux-kernel@vger.kernel.org".
If you really want this action to be taken, please send the following
commands (exactly as shown) back to "Majordomo@vger.kernel.org":
    auth ab01245 subscribe linux-kernel daeseok.youn@gmail.com
If you do not want this action to be taken, simply ignore this message
and the request will be disregarded.
If your mailer will not allow you to send the entire command as a single
line, you may split it using backslashes, like so:
    auth ab01245 subscribe linux-kernel \
    daeseok.youn@gmail.com
If you have any questions about the policy of the list owner, please
contact "linux-kernel-approval@vger.kernel.org".
```

Thanks!
Majordomo@vger.kernel.org

메일의 내용은 간단하다. 정말 구독하고 싶으면 메일에 포함된 코드를 포함하여 다시 메일을 보내 달라는 내용이다. 구독 신청 메일과 마찬가지로 받는 사람은 majordomo@vger.kernel.org로 하고 요청한 내용을 넣어 보내면 된다. 필자의 경우 'auth ab01245 subscribe linux-kernel daeseok.youn@gmail.com'이 된다. 여기서 주의할 점은 auth부터 자신의 메일 주소까지 엔터가 입력되면 안 되고 한 줄을 그대로 복사해서 입력해야 한다. 한 줄을 굳이 넣고 싶다면 문장이 분리되는 곳에 '\'(역슬래시)를 넣어 두 줄로 할 수도 있다.

그림 7-2 메일링 리스트 구독 확인 메일

구독 확인 메일을 보내면 두 통의 답장이 온다. 하나는 전과 마찬가지로 의미 없는 메일이고 다른 하나는 환영의 메시지가 담긴 메일이다.

—

Welcome to the linux-kernel mailing list!
Please save this message for future reference. Thank you.
If you ever want to remove yourself from this mailing list,
you can send mail to <Majordomo@vger.kernel.org> with the following
command in the body of your email message:
    unsubscribe linux-kernel
or from another account, besides daeseok.youn@gmail.com:
    unsubscribe linux-kernel daeseok.youn@gmail.com
If you ever need to get in contact with the owner of the list,
(if you have trouble unsubscribing, or have questions about the

```
list itself) send email to <owner-linux-kernel@vger.kernel.org> .
This is the general rule for most mailing lists when you need
to contact a human.
Here's the general information for the list you've subscribed to,
in case you don't already have it:
This is the Linux kernel development discussion and bug reporting
mailing list.  Volume is VERY high, 200-300 messages per day!
FAQ:   http://www.tux.org/lkml/

Archives:
http://marc.info/?l=linux-kernel                 (Since -97)
http://www.cs.helsinki.fi/linux/linux-kernel/          (1997-2004)
http://lkml.indiana.edu/hypermail/linux/kernel/ (Since -95)
http://lkml.org/                                 (since -96)
http://www.spinics.net/lists/kernel/
```

이 메일을 받으면 그때부터 linux-kernel 메일링 리스트로 보내지는 메일을 모두 받아볼 수 있다. 이 메일링 리스트는 하루에 많게는 1000개, 적게는 500개 이상의 메일이 보내지므로 Gmail의 필터와 라벨 기능을 이용해 우선으로 볼 메일을 정리해서 보는 것이 좋다. 정리되지 않는 메일은 지우거나 가끔 시간이 있을 때 찬찬히 훑어 보자. 리눅스 커널 개발자들의 좋은 패치들을 볼 수 있고 좋은 정보를 찾을 수 있다.

7.3 라벨 만들기

메일링 리스트를 구독하게 되면 수많은 메일을 받기 때문에 어떤 것을 봐야 하는지 고르기도, 모두 보기도 어렵다. 그래서 볼만한 내용을 라벨로 정리해서 조금씩 보는 게 좋다.

Gmail에서 라벨을 만들려면 [그림 7-3]의 화면에서 '새 라벨 만들기'를 선택한다 (없다면 '환경설정'에서 찾는다).

[그림 7-3]은 필자의 라벨 분류로, 'Linux' 라벨 하위에 'linux-kernel/staging-next/linux-mm' 등이 있다. 여기서는 코딩 스타일이나 간단한 버그 패치를 하므로 staging에 관련된 내용을 따로 모았다.

필자가 아직까지도 주로 사용하는 라벨은 'staging-next'다. staging 하위 모듈들의 패치 내용을 주로 보고, 어떻게 하는지 배우고 있는 중이다. 가끔 다른 개발자가 남긴 Changelog만 봐도 많은 공부가 된다.

라벨 관리는 필자의 방법을 따라도 되지만 각자 편한 방법대로 하는 것이 가장좋다.

그림 7-3 라벨 관리

Google

Gmail ▾

편지쓰기

▾ Linux

  kernel-janitor...
  Kernel-newbie
  Linux-cgroup ...
  ▾ **linux-kernel (...**
    linux-fsdeve...
  Linux-mm co...
  Mail threads fo...
  staging-next (...
  Todo lists
  간략히 ▴

채팅보관함
전체보관함
스팸함 (24)
휴지통
▸ 카테고리
  라벨 관리
  새 라벨 만들기

7.4 필터 설정하기

라벨만 만든다고 해서 자동으로 메일이 적절하게 모이는 것은 아니다. 필터라는 기능을 사용해서 staging 하위 모듈들의 패치만을 모아 보자.

Gmail 환경 설정(오른쪽 상단에 톱니바퀴 모양의 아이콘이 있다)에 가면 '필터' 항목이 보인다. 처음에는 아무것도 없으므로 '새 필터 만들기'로 필터를 만든다. 다음 그림은 필자의 필터 내용이다.

그림 7-4 필터 관리 1

기본설정 라벨 받은편지함 계정 및 가져오기 **필터** 전달 및 POP/IMAP 채팅 웹클립 실험실 오프라인 태마 여러 받은편지함

아래 필터가 모든 수신 메일에 적용됩니다:

	필터		
	일치: **from:(google-code@googlegroups.com)** 실행: 'CodeJam-googlegroups' 라벨 적용	수정	삭제
	일치: **from:(akpm@linux-foundation.org) list:"mm-commits.vger.kernel.org"** 실행: 'Linux/Linux-mm commit' 라벨 적용, 포럼(으)로 분류	수정	삭제
	일치: **list:"kernel-janitors.vger.kernel.org"** 실행: 'Linux/kernel-janitors' 라벨 적용, 포럼(으)로 분류	수정	삭제
	일치: **list:"cgroups.vger.kernel.org"** 실행: 'Linux/Linux-cgroup' 라벨 적용, 포럼(으)로 분류	수정	삭제
	일치: **list:"linux-kernel.vger.kernel.org"** 실행: 'Linux/linux-kernel' 라벨 적용, 포럼(으)로 분류	수정	삭제
	일치: **subject:(staging:) list:"linux-kernel.vger.kernel.org"** 실행: 'Linux/staging-next' 라벨 적용, 포럼(으)로 분류	수정	삭제
	일치: **arch/arm** 실행: 삭제	수정	삭제
	일치: **arch/x86** 실행: 삭제	수정	삭제

새 필터를 만들어 보자. staging 하위의 디바이스 드라이버들의 패치를 모은다. 리눅스 커널 패치 규칙을 5장에서 설명할 때 staging 하위의 패치는 패치의 제목에 'staging:'이라는 키워드가 있어야 한다고 소개했다. 필자는 이를 따라 제목으로 필터를 만들었다(이외에도 내용에 drivers/staging/을 필터로 만들어도 되고, 각자 다양한 방법으로 만들면 된다).

그다음 linux-kernel 메일링 리스트에서 오는 메일을 한 번 모은 다음 이 중에서 staging 디바이스 드라이버를 모았다. 먼저 linux-kernel 메일링 리스트의 메일을 모아 보면 메일에 포함되는 단어에 'linux-kernel.vger.kernel.org'가 있다. 이 메일을 필자가 만든 라벨인 'linux-kernel'로 모두 옮기겠다. [그림 7-5]에서 포함하는 단어에 'linux-kernel.vger.kernel.org'를 넣고 오른쪽 하단에 [계속]을 누르면 다음 화면에서 필터에 해당되는 메일이 오면 어떻게 행동할지 결정하는 메뉴가 나온다.

그림 7-5 필터 관리 2

여기에서 'Linux/linux-kernel' 라벨을 적용하고 카테고리는 포럼으로 분류했다. [그림 7-6]의 화면에서 [필터 업데이트]를 누르면 현재 받은 메일에 라벨을 적용해서 정리해 준다.

그림 7-6 라벨 적용

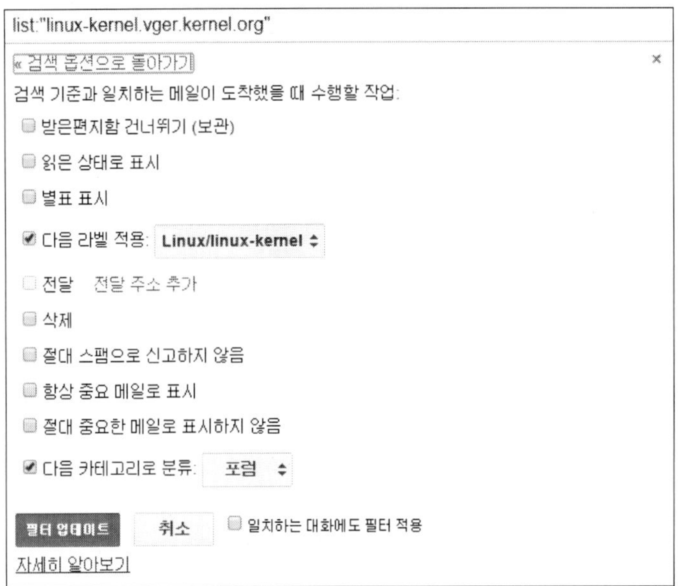

다음으로 staging 디바이스 드라이버를 정리해 보자. linux-kernel 라벨에서 제목에 'staging:'(세미 콜론 포함)이 검색되면 따로 라벨을 적용한다. 추가 필터를 만들어서 제목에 'staging:'이라고 입력하고, [계속]을 누른 다음 'staging' 라벨을 적용하고 [필터 업데이트]를 누르면 된다.

라벨과 필터의 사용법은 구글로 검색하면 다양한 방법을 찾을 수 있을 것이다. 라벨과 필터를 잘 이용하면 지루하지 않고 도움이 되는 패치들을 종종 보고 배워 나갈 수 있을 것이다. 이밖에도 추가적인 관리 방법들이 있지만, Gmail의 사용법은 개인마다 다를 수 있기 때문에 자신에게 맞는 방법을 찾아 실행해 보는 것이 좋다.

7장에서 소개한 방법은 메일링 리스트를 통해 받게 될 많은 메일을 잘 정리할 수

있는 방법이었다. 특정 소스의 패치는 '휴지통'으로 보내고, 폴더별로 정리하는 등
자신에게 맞는 방법을 활용하다 보면 유용한 정보들을 모을 수 있을 것이다.

## chapter 8

정적 코드 분석 도구 사용하기

8장부터는 코드를 분석하고, 분석된 결과를 바탕으로 코드의 버그를 수정하고 보완해 본다. 여기서는 도구를 이용해 어떤 코드에 문제가 있고 이를 어떻게 해결할 수 있는지 확인해 보겠다. 그리고 staging 하위의 모듈들은 분석하다 보면 중복된 버그가 많은데, 이를 고쳐 패치를 보내고 리뷰를 받는 방법을 설명한다. 이 부분은 향후 코드를 분석할 때 많은 도움이 될 것이다.

리눅스 커널의 정적 코드 분석 도구로는 Sparse, Smatch, Coccinelle이 있다. 각 분석 도구가 어떤 특징과 장점이 있는지는 설명하지 않고, 이 도구들로 어떻게 코드를 분석해서 결과를 출력하는지, 어떻게 수정하면 되는지만 살펴보겠다. 각 도구의 실행 방법과 세부 사항은 리눅스 커널 소스 내부의 Documentation 디렉터리에 있는데, Sparse는 Documentation/sparse.txt, Coccinelle는 Documentation/coccinelle.txt를 참고하면 된다. Smatch는 Sparse를 기반으로 만들어진 도구이므로 주요 내용은 Sparse와 같다고 보면 된다.

8.1 Sparse

가장 간편한 설치 방법은 다음과 같다(배포판마다 패키지 관리 명령어가 다르지만, 여기서는 우분투를 기준으로 설명한다).

```
$ sudo apt-get install sparse
```

소스를 받아 빌드하고 설치하려면 다음 명령을 사용한다(이 방법은 어느 리눅스 배포판이든 동일하다. 주기적으로 업데이트할 수 있으므로 소스를 받아 설치하는 방법을 권장한다). 이 명령을 실행하면 git clone 명령을 실행한 위치에 'sparse'라는 디렉터리가 생성되고 그 안에 소스가 들어있다.

```
$ git clone git://git.kernel.org/pub/scm/devel/sparse/sparse.git
```

해당 디렉터리로 이동하여 안정 버전으로 체크아웃해서 빌드한다.

```
$ cd sparse
$ git tag
0.1
0.2
0.3
0.4
0.4.1
v0.4.2
v0.4.2-rc1
v0.4.3
v0.4.4
v0.4.4-rc1
v0.4.4-rc2
v0.4.5-rc1
v0.5.0
```

디렉터리 이동 후, git tag 명령을 입력하면 현재 버전까지 태깅^{Tagging}한 정보가 나온다. 이 중 최신 버전인 v0.5.0으로 체크아웃하자.

```
$ git checkout -b stable-v0.5.0 v0.5.0
```

v0.5.0 태그로 소스를 체크아웃하면 새로운 로컬 브랜치인 stable-v0.5.0을 만들고 이동한다. 빌드하는 시간은 얼마 걸리지 않는다(대략 10~30초쯤).

```
$ git branch -a
  master
  stable
* stable-v0.5
  remotes/origin/HEAD -> origin/master
  remotes/origin/master
```

생성된 실행 바이너리들을 적절한 디렉터리(각자의 home 디렉터리의 bin)에 옮겨지고, $HOME(리눅스 환경변수로, home 디렉터리 정보가 있다) 아래에 bin, include, lib이 생성되어 Sparse 설정이 완료된다. 하지만 이렇게 하면 home 디렉터리가 조금 지저분해지므로 $HOME/sparse 디렉터리 하위에 모이도록 변경해 보자.

Sparse의 Makefile을 열어 PREFIX의 내용을 변경한다.

```
$ vi Makefile
```

Makefile을 열면 내용에 PREFIX=$(HOME) 한 줄이 있다. 이를 PREFIX=$(HOME)/sparse로 변경하고 install을 실행하면 /home/userid/bin/sparse 하위에 관련 파일들이 설치된다.

```
$ make install
```

다음으로 설치된 파일을 PATH 환경변수에 등록한다. 환경변수로 등록하면 리눅스 커널 빌드 시 옵션과 함께 Sparse를 빌드하고 이용할 수 있다.

```
$ echo 'export PATH=$PATH:$HOME/bin/sparse/bin' >> ~/.bashrc
$ source ~/.bashrc
```

접속할 때마다 bash 셸 환경변수에 등록되게 하려면 .bashrc에서 PATH 환경변수를 수정하고 적용하면 된다. 여기서는 단지 .bashrc 스크립트에 환경변수를 넣은 것이므로 source 명령어로 한 번만 등록한다(다음 터미널 접속 때는 등록하지 않아도 된다). 다음 명령으로 환경변수가 잘 등록되었는지 확인한다.

```
$ which sparse
~/bin/sparse
```

등록이 잘 되었으면 이제 Sparse를 이용해 리눅스 커널을 빌드한다. 리눅스 커널 소스를 받은 디렉터리로 이동한 다음 빌드할 때 C=1 또는 C=2 옵션만 넣으면 Sparse로 코드 분석과 함께 빌드된다(리눅스 옵션 설정은 3.2 리눅스 커널 옵션 설정 참조).

```
$ cd /home/userid/work/Kernel/linux-next
$ make clean && make C=1
```

C=1은 C 파일을 다시 컴파일하며, C=2는 수정된 파일만 새로 컴파일한다.

8.2　Smatch

Smatch는 Sparse보다 더 간단하다. 다음 명령으로 모든 것이 완료된다. 9장에서 모든 정적 분석 도구가 출력하는 로그를 분석하고 커널 코드의 버그를 해결하는데, 이 명령으로 Smatch 로그는 smatch-warn.txt 파일에 기록된다. 파일로 기록해야 천천히 찾아보면서 리눅스 커널 코드를 볼 수 있다.

```
$ cd /home/userid/work/Kernel/
$ git clone git://repo.or.cz/smatch.git
$ cd smatch
$ git checkout -b stable-1.59 1.59
$ make -j2
$ cd /home/userid/work/Kernel/linux-next
$ make clean && make CHECK="~/work/Kernel/smatch/smatch -p=kernel" C=1 bzImage
modules | tee ../smatch-warn.txt
```

 Coccinelle

이 정적 코드 분석 도구는 아주 상세한 설정과 분석을 진행한다(자세한 사항은 Documentation/coccinelle.txt를 참조하길 바란다). 소스를 확인해 보면 알겠지만, 이 도구는 다양한 패키지에 의존적이다(install.txt 파일 참조).

다음의 의존성 패키지 설치 명령어가 Coccinelle를 지원하지 않으면 다양한 패키지를 패키지 관리 도구로 설치하거나 소스를 빌드해야 하고, 여러 문제점을 해결해야 한다.

```
$ sudo apt-get build-dep coccinelle
```

Coccinelle 소스 받기와 빌드하기

```
$ git clone https://github.com/coccinelle/coccinelle.git
$ cd coccinelle
$ ./configure --enable-release --enable-python
$ make
$ sudo make install
```

빌드하고 나면 기본으로 /usr/local 하위에 관련 바이너리와 라이브러리가 복사된다. 제대로 설치되었는지 확인은 다음 명령으로 알 수 있다(참고로 demos 디렉터리는 내려받은 coccinelle/ 하위에 있다).

```
$ spatch -sp_file demos/simple.cocci demos/simple.c -o /tmp/new_simple.c
```

이제 리눅스 커널을 Coccinelle를 이용해 분석과 빌드를 진행해 보자. 사용 방법은 여러 가지가 있는데, Coccinelle는 패턴과 분석 내용을 스크립트 파일에 기록하고 해당 패턴에 부합하지 않는 코드들을 찾아낸다. 다음의 관련 스크립트 리스트를 살펴보면 스크립트 파일은 리눅스 커널에 scripts/coccinelle 하위에 있다.

그림 8-1 스크립트 리스트

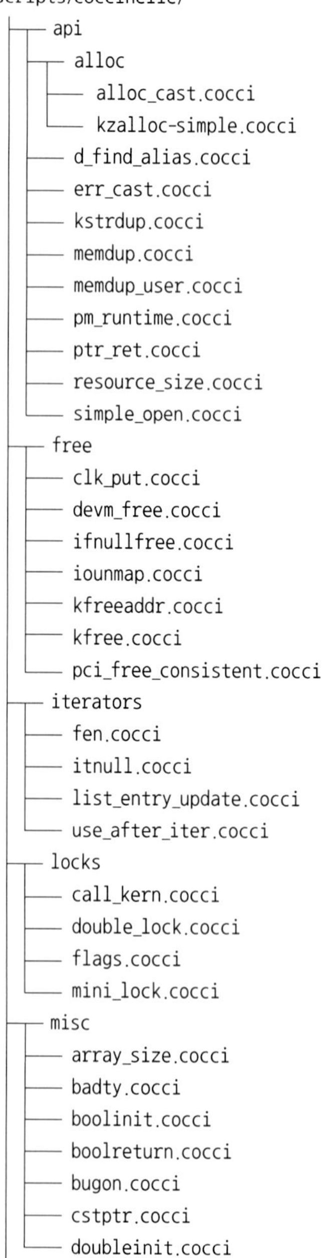
scripts/coccinelle/
    api
        alloc
            alloc_cast.cocci
            kzalloc-simple.cocci
        d_find_alias.cocci
        err_cast.cocci
        kstrdup.cocci
        memdup.cocci
        memdup_user.cocci
        pm_runtime.cocci
        ptr_ret.cocci
        resource_size.cocci
        simple_open.cocci
    free
        clk_put.cocci
        devm_free.cocci
        ifnullfree.cocci
        iounmap.cocci
        kfreeaddr.cocci
        kfree.cocci
        pci_free_consistent.cocci
    iterators
        fen.cocci
        itnull.cocci
        list_entry_update.cocci
        use_after_iter.cocci
    locks
        call_kern.cocci
        double_lock.cocci
        flags.cocci
        mini_lock.cocci
    misc
        array_size.cocci
        badty.cocci
        boolinit.cocci
        boolreturn.cocci
        bugon.cocci
        cstptr.cocci
        doubleinit.cocci

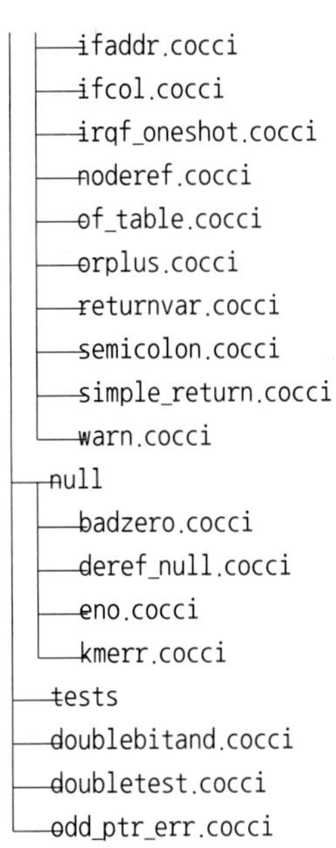

파일들의 이름을 보면, 대강 짐작할 수 있겠지만, 각 스크립트 파일에는 관련 사항이 기록되어 있다. 예를 들어, scripts/free/kfree.cocci 파일의 가장 상단에는 'Find a use after free.'라는 주석이 있는데, 이는 kmalloc/kzalloc 등으로 활용되고 kfree를 안 하는 경우를 찾아준다는 의미다. 파일을 하나씩 살펴보고 찾고자 하는 패턴에 대해서만 적용하는 것이 좋다. 이 모든 스크립트를 포함해 빌드할 수 있지만, 시간이 너무 오래 걸리므로 추천하지 않는다.

8.3.1 Coccinelle 모드

Coccinelle는 모드를 지정할 수 있는데, patch, report, context, org 모드가 있다. patch는 분석하면서 패치도 만들어 주는 모드고, report는 단순히 어떤 부분이 문제가 있다는 보고만 해 준다. context는 수정해야 하는 라인을 diff 명령어의 출력처럼 보여 주는 방법이다. org는 Emac에서 수정할 수 있는 형태의 내용을 보고해 준다.

필자는 patch/report 모드만 테스트했는데, 보통 report 모드로 보고를 받고 코드를 보면서 패치를 만들었다. 패치를 만들어 주고 좋게 보여 주는 방법보다는 보고받은 위치와 함께 전체 내용을 파악하면서 진행하는 것이 좋다고 생각하기 때문이다. 여기서는 report 모드로만 진행하겠다.

8.3.2 Coccicheck 스크립트를 이용하여 리눅스 커널 빌드하기

[그림 8-1]의 모든 cocci 스크립트 파일을 기반으로 빌드하면 시간이 너무 오래 걸리기 때문에 하나의 스크립트만 골라 검사를 진행한다. 예를 들어, kmalloc/kzalloc/kcalloc으로 할당받은 메모리를 kfree하지 않았다는 보고를 받은 코드를 확인하고 싶다면 scripts/coccinelle/free/kfree.cocci 파일을 빌드할 때 사용하면 된다. 다음 명령을 실행하면 빌드하면서 관련 사항이 의심되는 파일과 라인을 출력해서 보여 준다.

```
$ cd /path/to/linux/kernel
$ make ARCH=i386 randconfig
$ make coccicheck COCCI=scripts/coccinelle/free/kfree.cocci MODE=report
```

하지만 출력되는 모든 에러 메시지가 정확한 것은 아니다. 이를 참고만 하고 실제로는 코드를 열어 정말로 kfree가 안 된 메모리가 있는지 확인한 다음 수정하거나 패치를 만들어야 한다.

## chapter 9

정적 코드 분석 도구로 패치 만들기

이 장에서는 정적 코드 분석 도구가 출력하는 error와 warning 결과를 토대로 코드를 분석해 잘못된 부분을 수정하고 패치를 만들어 본다. 사실 정적 코드 분석 도구는 리눅스 커널의 빌드 설정(3장 리눅스 커널 빌드하기 참조)에서 적용된 모듈을 분석한다. 모든 설정이 적용된 정적 코드 분석 도구의 결과를 바탕으로 수정하면 커널 개발을 한다기보다는 리눅스 커널 코드를 정리한다는 느낌만 받게 된다. 필자도 한동안 어떻게 진행하는지를 몰라 정적 코드 분석 도구에 의존하여 작업했었다. 그런데 여러 파일을 수정하다 보니 도구가 시키는 일만 한다는 생각이 들었다. 정적 코드 분석 도구에 의존하기보다는 분석하고 싶은 모듈만을 소개한 도구를 사용해 코드 분석 능력을 향상시키는 것이 좋다.

처음에는 코딩 스타일을 수정해서 패치를 만들고 보내는 방법을 익힌 후 정적 코드 분석 도구로 어떤 부분이 문제가 될 수 있는지 찾아보자. 그다음에 커널 전체에서 어떤 모듈 하나를 꾸준히 보면 좋을지 항상 고민하며 공부하자.

초반에는 staging 하위에 있는 모듈 중 하나를 선택해서 진행하면 좋다. 아무거나 선택하는 것보다 활발히 패치가 보내지고, 수정할 수 있는 부분이 많은 모듈을 고르는 것이 좋다. 그리고 자신이 관심 있는 분야의 드라이버를 꾸준히 보고 패치를 만들어 보는 것도 좋다. 필자도 지금까지 계속 고민하고 공부하면서 리눅스 커널 코어 모듈(memory/scheduler/filesystem 등)에 패치하고 추가 기능을 만들어 보고 있다.

이제 정적 코드 분석 도구를 이용해 리눅스 커널의 버그 패치를 해보자. 도구가 출력하는 메시지는 대부분 비슷하므로 만들어지는 패치 또한 파일만 다르고 실상 같은 패치일 것이다.

9.1 Sparse로 로그 분석하기

8장에서 Sparse의 설치와 실행 방법을 보았다. 자주 나오는 로그와 그 결과에 따른 코드들이 어떻게 되어 있는지 확인하고 수정해 보자.

Should it be static?

Sparse에서 자주 보이는 warning이다. 리눅스 커널에서 특정 함수나 변수가 한 파일 내에서만 참조된다면 모두 'static'으로 설정하는 것을 기본으로 한다. 그래서 이 warning이 나오면 다른 파일에서 참조하는지를 먼저 확인하고 해당 파일 내에서만 사용이 된다면 static으로 선언해 주는 것이 좋다.

warning은 다음과 같은 형태로 출력된다.

```
kernel/resource.c:518:5: warning:
symbol 'reallocate_resource' was not declared. Should it be static?
```

특정 파일의 'reallocate_resource'라는 심벌이 static으로 선언되어야 하는 것이 아니냐는 의문을 준다. 이 warning은 경험상 50%의 확률로 static 선언을 해야 한다. 이를 확인하는 방법은 2장에서 설명한 Cscope로 검색해 다른 파일에서 해당 심벌이 검출이 되지 않는다면 static을 붙여 주면 된다.

warning이 발생한 지점의 코드로 이동해 Vim 편집기의 명령모드 상태에서 'cs find 0 reallocate_resource'라고 입력하면 다른 파일에 이 심벌이 있는지 확인할 수 있다. reallocate_resource가 현재 파일에서만 사용되고 있다면 심

벌에 static을 붙이고 컴파일해 보자. 오류 없이 컴파일이 된다면 이 상태로 패치
를 만들어 전달하면 된다.

Using plain integer as NULL pointer

가끔 보이는 warning 중 하나다. 누군가가 공개된 메일링 리스트로 NULL 포인터
로 0을 쓰는 게 왜 잘못된 것이지 질문했는데, 리누스 토르발스가 답변한 사항이
눈이 띈다.[01] 간략히 요약하면 정수형인 0과 NULL은 다르므로 컴파일러가 그 부
분을 warning 없이 잘 넘겨 주긴 하지만, 그것은 엄연히 틀리게 쓴 문법이라는 것
이다. 즉, 포인터 변수에 0이라는 정수형을 넣으면 안 된다는 뜻이다. 원문에 다음
예제가 있다. 명확한 내용이지만, 이런 실수는 하지 말아야 한다.

```
char * p = 0;
int i = NULL;
```

이처럼 char* p에는 0이 아닌 NULL이어야 하고 int i 초기화에는 0을 사용해야
한다. warning의 예를 보자.

```
drivers/scsi/lpfc/lpfc_sli.c:16547:37: warning: Using plain integer as NULL
pointer
```

파일 이름과 라인으로 확인해 보면 포인터 변수에 '0'으로 초기화하거나 리셋하는
코드가 있다. 이를 NULL로 변경해 패치를 만들고 전달하면 된다.

context imbalance in "function name" – unexpected unlock

unexpected unlock은 Sparse에서 매우 많이 나오지만 80% 정도는 잘못 전
달된 warning이다. 이 warning은 lock을 한 부분은 있는데, unlock이 없을 경

우에 나오는 warning이다. 하지만 함수 내에서 unlock 대신 다른 함수를 호출해
해결하는 경우에도 모두 나오므로 실제 잘못된 코드를 찾는 경우는 드물다. 하지
만 이런 warning도 눈여겨보고, 리눅스 커널 코드가 어떤 식으로 lock/unlock
을 처리하는지 살펴보는 것도 좋다.

다음 예를 보면 spin_unlock이 함수 종료 시에 실행되지만, 오류 핸들링을 위해
if-else문 안에도 spin_unlock이 있어서 오류가 발생했을 경우 spin_unlock
이 두 번 불리게 된다.

```
drivers/staging/ced1401/usb1401.c:1080:28: warning: context imbalance in
 'Handle1401Esc' - unexpected unlock
```

이를 해결하기 위해 if-else문 안에 있는 spin_unlock을 제거했다. 리눅스 커
널 코드를 받았다면, git log drivers/staging/ced1401/useb1401.c를 실
행해서 'daeseok.youn'으로 검색하면 필자의 커밋을 찾을 수 있다.

Sparse를 사용해 본 결과 이 세 가지 Warning이 가장 많았다. 하지만 확인해야
할 부분이 많고, 해당 부분이 실제로 잘못되었을 가능성도 높지 않아서 다른 정적
분석 도구를 찾게 되었다.

9.2 Smatch로 로그 분석하기

이번에는 Smatch를 살펴보자.

redundant null check on entries calling kfree()

kfree( )의 구현부를 보면 kfree로 들어오는 인자의 주소가 0이거나 NULL 포인
터인지 확인해 준다. 따라서 kfree( ) 호출 시 특별히 NULL인지 확인해서 호출할
필요가 없다. 한때는 kfree( )의 이런 기능이 없어서 먼저 확인하고 호출했지만
이제는 kfree( )만 호출해도 문제가 없다.

이런 waring이 있다면 단순히 kfree ( )를 호출하기 전에 인자의 주소를 확인할 필요 없이 인자를 그냥 넘기면 된다.

예제를 보자. 다음처럼 kfree ( )를 실행하기 전에 포인터의 상태를 확인(NULL or 0)한다면 kfree ( ) 구문만 남기고 if문은 제거하고 패치를 만들면 된다.

```
if (alloc_address)
    kfree(alloc_address);
kfree(alloc_address);
```

unsigned 'variable' is never less than zero

가끔 unsigned 변수의 상태를 확인할 때 '0보다 작으면' 조건을 사용하는 경우가 있다. 그러나 unsigned는 부호가 없는 변수를 선언할 때 사용하므로 0보다 작은 조건은 없다. 이는 해당 변수가 0보다 작은 조건의 확인이 필요 없는 경우와 실제 로는 0보다 작은 값을 이용해 오류 상태를 확인하는 것인데, 대부분 unsigned로 잘못 선언한 경우다. 이럴 때는 단순히 unsigned 선언을 빼면 된다.

예를 들어, 다음 코드에서 check 변수는 0보다 작은 값일 수 없으므로 if문으로 확인할 필요가 없다. 하지만 get_from_device ( ) 함수에서 오류를 위해 음수 값 을 전달하면 if (check < 0)으로 확인한 다음 오류 처리를 해 줘야 한다.

```
unsigned int check;
check = get_from_device(device_info);
if (check < 0) {
    // error handling
}
```

다음처럼 unsigned를 빼고 int check로 선언해 코드가 의도한 대로 패치를 만 든다.

```
int check;
```

```
check = get_from_device(device_info);
if (check < 0) {
    // error handling
}
```


kmalloc/kzalloc 등으로 메모리가 할당되었지만 해제하는 코드가 없을 때 출력
되는 warning이다. 간단한 예제를 살펴보자.

다음 예제(이 함수의 시나리오는 필자가 memory leak을 설명하기 위해 가상으로 만든 예제
다.)는 store_status를 1024byte만큼 할당받고 get_status로 할당받은 메
모리에 특정(integer) 값을 쓰고 send_status ( )로 데이터를 전달하는 함수다.
send_status ( )에서 status를 전달하는 과정에서 오류가 발생하면 result는
음수의 값을 전달받고 전체 함수를 종료한다. 이때 kmalloc ( )으로 받은 store_
status 변수에 할당받은 메모리를 해제하고 종료해야 하지만 그렇지 않은 경우
Smatch에서 possible memory leak of로 이를 알려 준다.

그렇다면 result가 0보다 작을 때 kfree (store_status)로 할당받은 메
모리를 해제하는 코드를 작성하면 된다. 물론 예제 코드만으로는 정상일 때도
kfree ( )로 할당받은 메모리를 해제해야 맞지만, send_status ( ) 가 정상일 경
우 이 메모리를 전체 status를 관리하는 구조체나 포인터에서 보관을 한다고 가
정한다. 즉, 오류를 반환했을 때만 이 store_status에 대한 메모리가 필요 없다.

```
static int init_status(void)
{
    int* store_status = NULL;
    int result = 0;

    store_status = kmalloc(1024, GFP_KERNEL);
    if (!store_status) {
        // error handling
        return -1;
```

```c
    }
    get_status(store_status);
    result = send_status(store_status);
    if (result < 0) {
        // print some error
        kfree(store_status);
    }
    return 0;
}
```


이 warning은 특정 코드가 필요 없거나 사용되지 않을 때 출력된다. 간단한 예를 살펴보자. 다음은 while문이 사실상 필요 없다. a가 0보다 크면 무엇인가를 실행하는데, while문 마지막에서 break로 무조건 종료되어 버린다. 이 경우 while문을 if로 변경하고 break를 빼면 된다.

```c
while (a > 0) {
    // do something…
    break;
}
```

이 warning이 출력되는 경우는 다양하므로 코드의 문맥을 잘 보고 처리한다.

9.3 Coccinelle로 로그 분석하기

Coccinelle는 앞 장에서 소개한 것처럼 다양한 스크립트를 기반으로 리눅스 커널 코드를 분석해 준다. 각 스크립트에서 분석할 수 있는 내용은 http://coccinellery. org/에 자세히 나와 있다. 찾고 싶은 문법 오류가 있다면 이 링크를 참고하면 된다. 예를 들어, kfree 관련 문법 오류를 찾고 싶다면 리눅스 커널을 빌드할 때 다음 명령을 실행한다.

```
make coccicheck COCCI=scripts/coccinelle/free/kfree.cocci MODE=report
```

이 명령을 실행하면 콘솔에 다음 로그가 출력된다.

```
./security/apparmor/path.c:232:11-14: ERROR: reference preceded by free on
line 226
./sound/pci/asihpi/asihpi.c:1178:13-17: ERROR: reference preceded by free on
line 1172
./sound/pci/asihpi/asihpi.c:1004:13-17: ERROR: reference preceded by free on
line 993
./drivers/crypto/n2_core.c:1512:13-14: ERROR: reference preceded by free on
line 1508
./net/nfc/hci/core.c:99:5-8: ERROR: reference preceded by free on line 91
./drivers/infiniband/core/umem.c:212:33-37: ERROR: reference preceded by free
on line 203
./net/sctp/endpointola.c:281:21-23: ERROR: reference preceded by free on line
280
./net/sctp/transport.c:164:21-30: ERROR: reference preceded by free on line
163
./drivers/gpu/drm/ast/ast_mode.c:780:64-68: ERROR: reference preceded by free
on line 775
./fs/fuse/dev.c:2058:8-35: ERROR: reference preceded by free on line 2058
….
```

특정 파일의 라인 번호와 함께 오류를 출력하지만 출력되는 모든 파일에 문제가
있는 것은 아니다. 스크립트가 오류를 찾는 방식으로 kfree( )가 실행되어야 하
는 시점에 실행이 안 되었다고 생각되는 부분을 모두 출력하는 것이다. 따라서 파
일을 열어 실제로 해당 라인의 변수가 할당 해제를 제대로 하지 않았는지 먼저 확
인한 뒤에 코드를 수정해야 한다.

Coccinelle는 다른 정적 코드 분석 도구와는 달리 스크립트를 기반으로 코드를
분석한다. 하지만 다른 도구와 사용법이 비슷하고, http://coccinellery.org/에
서 스크립트별 분석 내용을 알 수 있으니 확인하고 코드 패치를 진행하면 된다.

물론 정적 코드 분석 도구는 참고용이다. 도구에 너무 의존해 패치를 만들지 말고, 분석 도구를 사용하면서 코드를 보는 방법을 익히는 용도로 사용하는 것이 좋다. 또한, 도구를 이용해 잘못된 코드만 찾아서 패치하는 것보다는 실제 코드가 구동되는 원리를 살펴보며 버그를 찾아가는 방법을 천천히 익혀 나가길 바란다.

## chapter 10

QEMU로 리눅스 커널 디버깅하기

실제 하드웨어가 있고 이를 타깃으로 리눅스 커널을 개발하면 정말 좋지만 실상 그렇지 못할 때가 많다. 다행히도 하드웨어 없이 개발할 수 있는 영역들이 있다. 예를 들어, 메모리 관리나 파일 시스템, 스케쥴러 등은 하드웨어 없이 개발하고 증명할 수 있는 부분이다. 하지만 디바이스 드라이버 대부분은 실제 디바이스가 있어야 제대로 개발을 할 수 있다.

이 장에서는 하드웨어 없이 QEMU라는 에뮬레이터를 이용해 리눅스 커널을 개발하고 부팅해 직접 개발한 모듈이나 수정된 부분을 확인하는 방법을 알아본다. 실제 리눅스 커널이 어떻게 동작하고 있는지 알고, 이를 수정하는 재미를 느끼고 싶다면 이 방법을 추천하고 싶다.

10.1 QEMU 설치

QEMU는 VMware나 VirtualBox와 같이 가상 머신을 제공하는 오픈소스 도구다. 리눅스 커널 개발자들이 많이 이용하는데, 자세한 내용은 홈페이지[01]에 잘 나와 있다.

설치는 리눅스 배포판에서 패키지 관리 도구(apt-get, yum 등)로 진행하거나 소스를 빌드해도 된다.

---

01 http://wiki.qemu.org/Main_Page

```
$ sudo apt-get install qemu qemu-system
```



```
$ git clone git://git.qemu-project.org/qemu.git
$ cd qemu
$ git checkout stable-2.1
```

이렇게 하면 빌드 준비가 끝난다. QEMU는 다양한 아키텍처를 지원하는데, 빌드 하면서 어떤 타깃을 사용할지 지정할 수 있다. 지정하지 않으면 기본으로 모든 타 깃을 지원한다.

어떤 타깃을 지원하는지 살펴보려면, 콘솔에서 `./configure --help` 명령을 실 행하면 된다. 많은 옵션이 나오는데, 이 중 `target-list` 옵션에서 어떤 아키텍처 를 지원하는지 알 수 있다. 일단 아무런 옵션 없이 진행하자.

```
$ ./configure —help
 —target-list=LIST        set target list (default: build everything)
                          Available targets: aarch64-softmmu alpha-softmmu
                          arm-softmmu cris-softmmu i386-softmmu lm32-softmmu
                          m68k-softmmu microblazeel-softmmu microblaze-softmmu
                          mips64el-softmmu mips64-softmmu mipsel-softmmu
                          mips-softmmu moxie-softmmu or32-softmmu
                          ppc64-softmmu ppcemb-softmmu ppc-softmmu
                          s390x-softmmu sh4eb-softmmu sh4-softmmu
                          sparc64-softmmu sparc-softmmu unicore32-softmmu
                          x86_64-softmmu xtensaeb-softmmu xtensa-softmmu
                          aarch64-linux-user alpha-linux-user armeb-linux-user
                          arm-linux-user cris-linux-user i386-linux-user
                          m68k-linux-user microblazeel-linux-user
                          microblaze-linux-user mips64el-linux-user
                          mips64-linux-user mipsel-linux-user mips-linux-user
                          mipsn32el-linux-user mipsn32-linux-user
                          or32-linux-user ppc64abi32-linux-user
                          ppc64le-linux-user ppc64-linux-user ppc-linux-user
```

```
            s390x-linux-user sh4eb-linux-user sh4-linux-user
            sparc32plus-linux-user sparc64-linux-user
            sparc-linux-user unicore32-linux-user
            x86_64-linux-user
```

./configure를 실행하면 보통은 잘 실행되지만, 가끔 현재 사용하는 시스템에 필요한 패키지가 무엇인지 알려 줄 때도 있다. 이 경우 인터넷으로 검색해 보고 설치한다. ./configure 명령어가 아무 문제 없이 진행되었다면 make && sudo make install 명령으로 컴파일하고 설치한다. 이렇게 하면 시스템에 'qemu-system-' 접두어를 가진 바이너리들이 설치된다.

10.2 QEMU로 리눅스 커널 부팅하기

3장에서 리눅스 커널을 빌드하는 방법을 보았다. QEMU로 리눅스 커널을 디버깅할 때 꼭 확인해야 할 옵션이 두 개 있다. 에뮬레이트할 아키텍처에 맞게 커널을 빌드해야 하고, 추가 옵션을 확인한 다음 QEMU로 부팅할 수 있게 해야 한다. 기본으로 리눅스 커널은 특정 아키텍처의 defconfig(arch/x86/configs/)가 있다. 일단 i386 또는 x86_64로 빌드해 보자.

ARM은 다양한 아키텍처의 config가 있지만 x86 계열은 다음 4개가 전부다. 이 x86 계열의 config 중 하나를 선택해서 빌드한다.

```
$ ls arch/x86/configs
i386_defconfig  kvm_guest.config  tiny.config  x86_64_defconfig
```

여기서는 x86_64_defconfig를 이용하겠다. 다음을 실행하면 x86_64를 위한 .config를 자동으로 생성한다.

```
$ make ARCH=x86_64 x86_64_defconfig
```

QEMU에서 디버깅까지 가능해야 하므로 추가 옵션을 넣자.

```
$ make ARCH=x86_64 menuconfig
```

menuconfig에서 추가할 옵션은 다음 두 가지다. 이 옵션이 있어야 GDB로 중단
점Break Point를 설정하고 코드를 실시간으로 추적할 수 있다.

- Kernel hacking → Compile-time checks and compiler options → [*]
  Compile the kernel with debug info
- Kernel hacking → Compile-time checks and compiler options → [*]
  Compile the kernel with frame pointers

이제 빌드해 보자.

```
$ make ARCH=x86_64 -j4
```

빌드가 완료되면 QEMU로 부팅할 준비가 끝난다. 기본 부팅을 해 보자. 현재는
루트 파일 시스템이 없어서 루트 파일 시스템을 마운트하는 과정에서 커널 패닉이
보인다. 일단 실행한다. 현재 리눅스 배포판은 2장에서 설명했지만, GUI 환경이
아니다. 그래서 모두 콘솔로 출력되게 한다.

다음 명령은 현재 리눅스 커널 소스의 최상위에서 실행한 것으로, 빌드를 성공적
으로 마치면 arch/x86/boot/bzImage라는 파일이 생성된다.

```
$ qemu-system-x86_64 -no-kvm -kernel arch/x86/boot/bzImage -hda /dev/zero
-append "root=/dev/zero console=ttyS0" -serial stdio -display none
```

앞의 명령을 실행하면 현재 사용 중인 콘솔에 가상 머신이 부팅을 진행하면서 출
력하는 로그들을 볼 수 있다.

```
$ qemu-system-x86_64 -no-kvm -kernel arch/x86/boot/bzImage -hda /dev/zero
-append "root=/dev/zero console=ttyS0" -serial stdio -display none
[    0.000000] Initializing cgroup subsys cpuset
[    0.000000] Initializing cgroup subsys cpu
[    0.000000] Initializing cgroup subsys cpuacct
[    0.000000] Linux version 3.18.0-rc4-next-20141114 (woodsman@devel) (gcc
version 4.4.7 20120313 (Red Hat 4.4.7-4) (GCC) ) #7 SMP Thu Nov 20 20:24:25 KST
2014
[    0.000000] Command line: root=/dev/zero console=ttyS0
[    0.000000] e820: BIOS-provided physical RAM map:
[    0.000000] BIOS-e820: [mem 0x0000000000000000-0x000000000009fbff] usable
[    0.000000] BIOS-e820: [mem 0x000000000009fc00-0x000000000009ffff] reserved
[    0.000000] BIOS-e820: [mem 0x00000000000f0000-0x00000000000fffff] reserved
[    0.000000] BIOS-e820: [mem 0x0000000000100000-0x0000000007ffdfff] usable
[    0.000000] BIOS-e820: [mem 0x0000000007ffe000-0x0000000007ffffff] reserved
[    0.000000] BIOS-e820: [mem 0x00000000fffc0000-0x00000000ffffffff] reserved
[    0.000000] NX (Execute Disable) protection: active
[    0.000000] SMBIOS 2.4 present.
[    0.000000] e820: last_pfn = 0x7ffe max_arch_pfn = 0x400000000
[    0.000000] x86 PAT enabled: cpu 0, old 0x7040600070406, new
0x7010600070106
[    0.000000] found SMP MP-table at [mem 0x000f1780-0x000f178f] mapped at
[ffff8800000f1780]
[    0.000000] Scanning 1 areas for low memory corruption
[    0.000000] init_memory_mapping: [mem 0x00000000-0x000fffff]
[    0.000000] init_memory_mapping: [mem 0x07c00000-0x07dfffff]
[    0.000000] init_memory_mapping: [mem 0x04000000-0x07bfffff]
[    0.000000] init_memory_mapping: [mem 0x00100000-0x03ffffff]
[    0.000000] init_memory_mapping: [mem 0x07e00000-0x07ffdfff]

〈중략〉

[    1.362136] Key type dns_resolver registered
[    1.366694] registered taskstats version 1
[    1.370722]   Magic number: 6:385:374
[    1.371476] console [netcon0] enabled
[    1.371679] netconsole: network logging started
[    1.373910] ALSA device list:
[    1.374192]   No soundcards found.
[    1.915362] input: ImExPS/2 Generic Explorer Mouse as /devices/platform/
i8042/serio1/input/input3
[    1.917332] md: Waiting for all devices to be available before autodetect
```

[1.917618] md: If you don't use raid, use raid=noautodetect
[1.921420] md: Autodetecting RAID arrays.
[1.921632] md: Scanned 0 and added 0 devices.
[1.921844] md: autorun ...
[1.921986] md: ... autorun DONE.
[1.924376] VFS: Cannot open root device "zero" or unknown-block(0,0): error -6
[1.924697] Please append a correct "root=" boot option; here are the available partitions:
[1.925361] 0b00   1048575 sr0 driver: sr
[1.925673] Kernel panic - not syncing: VFS: Unable to mount root fs on unknown-block(0,0)
[1.926123] CPU: 0 PID: 1 Comm: swapper/0 Not tainted 3.18.0-rc4-next-20141114 #7
[1.926123] Hardware name: Bochs Bochs, BIOS Bochs 01/01/2011
[1.926123] ffff880006904000 ffff880007087da8 ffffffff8184673e 616e55203a534656
[1.926123] ffffffff81baac50 ffff880007087e28 ffffffff818463ce ffff880000000010
[1.926123] ffff880007087e38 ffff880007087dd8 ffffffff818465bd 0000000030306230
[1.926123] Call Trace:
[1.926123] [<ffffffff8184673e>] dump_stack+0x48/0x5a
[1.926123] [<ffffffff818463ce>] panic+0xb6/0x1eb
[1.926123] [<ffffffff818465bd>] ? printk+0x48/0x4a
[1.926123] [<ffffffff81ef855e>] mount_block_root+0x17a/0x21a
[1.926123] [<ffffffff81002930>] ? do_signal+0x4c0/0x710
[1.926123] [<ffffffff81ef86e0>] mount_root+0xe2/0xed
[1.926123] [<ffffffff81ef882b>] prepare_namespace+0x140/0x179
[1.926123] [<ffffffff81ef7ad2>] kernel_init_freeable+0x1ce/0x1e0
[1.926123] [<ffffffff81ef7ae4>] ? kernel_init_freeable+0x1e0/0x1e0
[1.926123] [<ffffffff81844670>] ? rest_init+0x80/0x80
[1.926123] [<ffffffff81844679>] kernel_init+0x9/0xf0
[1.926123] [<ffffffff8184a6ec>] ret_from_fork+0x7c/0xb0
[1.926123] [<ffffffff81844670>] ? rest_init+0x80/0x80
[1.926123] Kernel Offset: 0x0 from 0xffffffff81000000 (relocation range: 0xffffffff80000000-0xffffffff9fffffff)
[1.926123] ---[end Kernel panic - not syncing: VFS: Unable to mount root fs on unknown-block(0,0)

〈이하 생략〉

가장 아랫부분의 커널 패닉은 무시해도 된다. 'Ctrl+C'를 누르면 QEMU 세션이
종료된다.

10.3 GDB를 연결해 리눅스 커널 디버깅하기

QEMU를 사용하면 현재 리눅스 커널의 디버깅 중단점을 설정하고 하나씩 추적
할 수 있는 장점이 있다. 이는 직접 개발한 부분을 검증할 때도 사용하면 좋다.

일단 GDB를 설치해 보자. GDB도 리눅스 배포판에 있는 패키지 관리 도구로 설
치(sudo apt-get install gdb)할 수 있다. 하지만 이 방법은 GDB와 연결한 후 중
단점을 설정하고 실행하면 'Remote 'g' packet reply is too long:'이라
는 메시지와 함께 GDB가 동작하지 않는다.[02] 이는 QEMU에서 i386/x86_64
아키텍처를 연결할 때 발생하는 문제로, 임시로 코드를 수정해서 해결한 패치가
있으니 이를 참고해서 해결하면 된다.[03]

어떤 부분을 수정해야 하는지 다음 패치에서 확인하고 수동으로 수정한다. 수정하
는 파일은 binutils-gdb/gdb/remote.c다.

```
$ git clone git://sourceware.org/git/binutils-gdb.git
$ cd binutils-gdb

— a/gdb/remote.c  2012-03-03  18:12:34.745832996 +0100
+++ b/gdb/remote.c  2012-03-03  18:12:28.144833161 +0100
@@ -5820,21 +5820,21 @@ process_g_packet (struct regcache *regca

    buf_len = strlen (rs->buf);
```

---

02 GDB 버전이나 패키지에 따라 문제가 생길 수도 있고 생기지 않을 수도 있다. 일단 패키지 관리 도구로 GDB
를 설치하고, 여기서 설명한 QEMU와 GDB 연결을 참조해 진행한 다음 오류가 발생하면 GDB 소스를 수정
하고 빌드한다.

03 http://bit.ly/1ETozA1에 해당 문제점이 무엇이고, 이를 어떻게 패치해서 동작했는지 자세히 나와 있으므로
이 사이트를 참고하길 바란다.

```
-  /* Further sanity checks, with knowledge of the architecture.  */
-  if (buf_len > 2 * rsa->sizeof_g_packet)
+  /* Further sanity checks */
+  if (buf_len > MAX_REMOTE_PACKET_SIZE)
     error (_("Remote 'g' packet reply is too long: %s"), rs->buf);

   /* Save the size of the packet sent to us by the target.  It is used
      as a heuristic when determining the max size of packets that the
      target can safely receive.  */
-  if (rsa->actual_register_packet_size == 0)
+  if (rsa->actual_register_packet_size != buf_len)
     rsa->actual_register_packet_size = buf_len;

-  /* If this is smaller than we guessed the 'g' packet would be,
+  /* If this is not equal to what we guessed the 'g' packet would be,
      update our records.  A 'g' reply that doesn't include a register's
      value implies either that the register is not available, or that
      the 'p' packet must be used.  */
-  if (buf_len < 2 * rsa->sizeof_g_packet)
+  if (buf_len != 2 * rsa->sizeof_g_packet)
     {
       rsa->sizeof_g_packet = buf_len / 2;
```

파일을 수정한 후 다음 명령을 실행하면 /usr/local/bin에 GDB가 생긴다.

```
$ ./configure
$ make && sudo make install
```

10.3.1 GDB 빌드 시 트러블슈팅

make 과정에서 다음 메시지가 뜨면서 빌드되지 않으면 'texinfo'라는 패키지가 시스템에 설치되어야 한다는 의미다.

```
WARNING: `makeinfo' is missing on your system.  You should only need it if
         you modified a `.texi' or `.texinfo' file, or any other file
         indirectly affecting the aspect of the manual.  The spurious
```

call might also be the consequence of using a buggy `make ' (AIX,
DU, IRIX). You might want to install the `Texinfo ' package or
the `GNU make ' package. Grab either from any GNU archive site.

다음 명령으로 해당 패키지를 설치한다.

```
$ sudo apt-get install texinfo
```

make로 설치한 후에 /usr/local/bin/gdb를 실행하면 다음 에러가 발생할 수 있다.

```
/usr/local/bin/gdb: error while loading shared libraries: libpython2.7.so.1.0:
cannot open shared object file: No such file or directory
```

Python 2.7 버전을 설치하지 않아서 생긴 오류이므로 파이썬을 설치하고 다음 명령을 실행하면 완료된다(시스템에서 요구하는 파이썬 버전은 다를 수 있으므로 확인하고 진행한다).

```
$ sudo ln -s /usr/local/lib/libpython2.7.so.1.0 /usr/lib/libpython2.7.so.1.0
```

소스 빌드는 QEMU에서 GDB와 i386/x86_64 아키텍처를 연결할 때 발생하는 문제를 해결하기 위한 방법이므로 배포판의 패키지 관리자로 GDB를 설치하고 운영이 잘 된다면 굳이 빌드를 권장하지 않는다.

10.3.2 GDB로 중단점 지정하기

이제 커널, QEMU, GDB가 모두 준비되었다. 먼저 QEMU로 빌드한 커널을 GDB로 연결 준비 상태를 만들어 보자.

명령에 -s -S 옵션이 있는데, 이는 GDB로 진행하므로 TCP 포트 1234를 기본으로 연결하고 연결될 때까지 기다리게 한다.

```
$ qemu-system-x86_64 -s -S -no-kvm -kernel arch/x86/boot/bzImage -hda /dev/zero
-append "root=/dev/zero console=ttyS0" -serial stdio -display none
```

다른 콘솔창을 열어 리눅스 커널 소스가 있는 곳까지 이동한 다음 GDB를 실행한다.

```
$ cd /path/to/your/kernel
$ /usr/loca/bin/gdb ./vmlinux
```

실행하면 다음과 같이 GDB가 vmlinux의 심벌을 읽고 (GDB) 명령 라인이 나온다.
여기에 target remote localhost:1234 명령을 입력해 QEMU에 연결한다.

```
$ /usr/local/bin/gdb ./vmlinux
GNU gdb (GDB) 7.8.1.20141121-cvs
Copyright (C) 2014 Free Software Foundation, Inc.
License GPLv3+: GNU GPL version 3 or later <http://gnu.org/licenses/gpl.html>
This is free software: you are free to change and redistribute it.
There is NO WARRANTY, to the extent permitted by law.  Type "show copying"
and "show warranty" for details.
This GDB was configured as "x86_64-unknown-linux-gnu".
Type "show configuration" for configuration details.
For bug reporting instructions, please see:
<http://www.gnu.org/software/gdb/bugs/>.
Find the GDB manual and other documentation resources online at:
<http://www.gnu.org/software/gdb/documentation/>.
For help, type "help".
Type "apropos word" to search for commands related to "word"...
Reading symbols from ./vmlinux...done.
(gdb)
(gdb) target remote localhost:1234
Remote debugging using localhost:1234
0x0000000000000000 in irq_stack_union ()
(gdb)
```

연결되면 중단점을 설정하고 리눅스 커널을 디버깅한다. 중단점은 리눅스 커널의 start_kernel ( ) 함수를 예로 들겠다. 간단한 메시지와 함께 중단점이 설정됨을 알수 있다.

```
(gdb) b start_kernel
Breakpoint 1 at 0xffffffff81ef7d7e: file init/main.c, line 495.
(gdb)
```

계속 진행하려면 c(continue)를 입력한다. 이 명령어를 입력하기 전까지 QEMU의 가상 CPU는 정지 상태로 있다가 명령어가 입력되면 진행한다.

```
(gdb) c
Continuing.

Breakpoint 1, start_kernel () at init/main.c:495
495     {
(gdb)
```

현재 중단점에 의해 멈춰 있고 QEMU에는 아무런 메시지가 나오지 않을 것이다. GDB 명령어로 어떻게 진행되는지 확인해 보자.

```
(gdb) list
490             pgtable_init();
491             vmalloc_init();
492     }
493
494     asmlinkage _visible void _init start_kernel(void)
495     {
496             char *command_line;
497             char *after_dashes;
498
499             /*
(gdb)
```

중단점에 도달했을 때 init/main.c의 495라인에 멈춰 있다는 것을 앞에서 확인했으므로 현재 start_kernel(void) 바로 아래에 멈춰 있음을 알 수 있다. 한 라인씩 이동해 보자.

```
(gdb) n
504                  set_task_stack_end_magic(&init_task);
(gdb)
```

n(next) 명령어로 하나씩 진행하면서 코드의 상태를 알아볼 수 있다(이 책에서는 GDB 명령어를 다루지 않으므로 GDB 관련 명령어는 다른 자료를 참고하길 바란다.) 이와 같이 GDB로 QEMU가 부팅하는 리눅스 커널의 중단점을 설정하고 디버깅하는 방법을 알아봤다. 하지만 GDB는 텍스트 중심이라서 익숙하지 않다면 처음에는 사용하기가 힘들다. 그래서 조금 편리한 텍스트 사용자 인터페이스를 제공하는 cgdb를 소개한다. 콘솔 환경에서 보기 좋은 UI를 제공하고, GDB와 명령어가 동일하다는 장점이 있다.

10.3.3 cgdb 사용하기

cgdb는 패키지 관리 도구로 설치하면 된다. GDB처럼 문제가 발생하는 부분이 없다.

```
$ sudo apt-get install cgdb
```

사용법은 GDB와 동일하다. QEMU를 같은 옵션으로 실행하고, cgdb로 ./vmlinux의 심벌을 읽으면 된다.

그림 10-1 cgdb 실행 화면

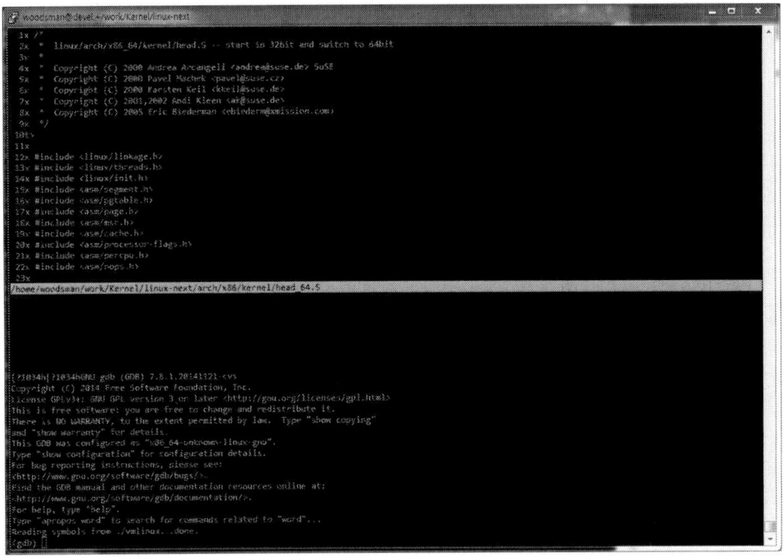

GDB와 동일한 명령창이 나오고 위에는 소스가 보인다. 중단점을 설정하고 c 명령으로 진행한다.

그림 10-2 중단점에서의 cgdb

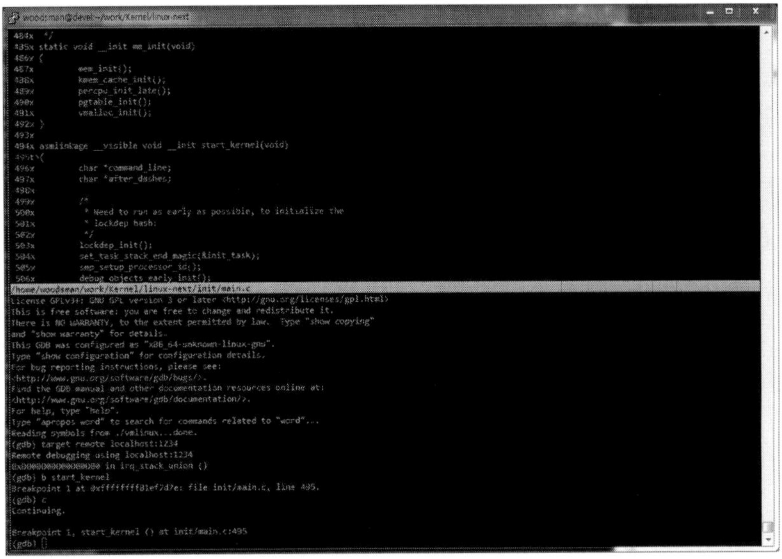

[그림 10-2]처럼 현재 중단된 부분의 소스가 나오고 >로 현재 위치를 알려 준다.
계속 사용하다 보면 아주 편리한 디버깅 도구임을 느낄 수 있다.

10.4 루트 파일 시스템 만들기

임베디드 시스템을 쉽게 구축할 수 있게 만들어진 Buildroot로 리눅스 커널 개
발을 위한 루트 파일 시스템을 만들어 보자. Buildroot에 관한 자세한 내용은 홈
페이지[04]를 참고하길 바란다.


```
$ git clone git://git.buildroot.net/buildroot
$ cd buildroot
```

Buildroot는 리눅스 커널과 같이 TUI[Text-based User Interface] 또는 GUI[Graphic User
Interface]를 설정할 수 있다.

다음 명령으로 리눅스 커널의 옵션 설정을 진행해 보자.

```
$ make menuconfig
```

여기서 신경 쓸 부분은 타깃 아키텍처다. 실제 커널은 i386으로 빌드했는데, 루
트 파일시스템은 ARM으로 빌드되었다면 부팅이 안 된다. 이 책에서는 대부분
x86_64로 빌드했으므로 root fs도 x86_64로 진행한다. [Target options →
Target Architecture]를 선택하면 지원하는 모든 아키텍처 목록을 볼 수 있다.

---

04 http://buildroot.uclibc.org/

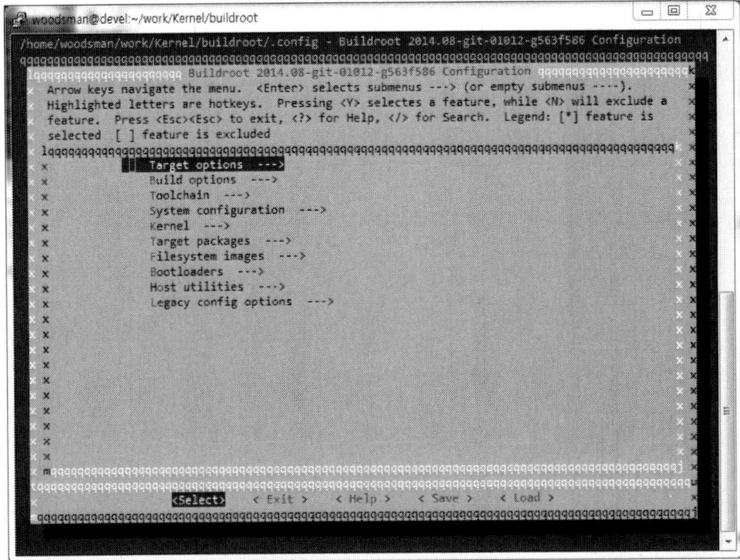

이 중 [x86_64]를 선택한다.

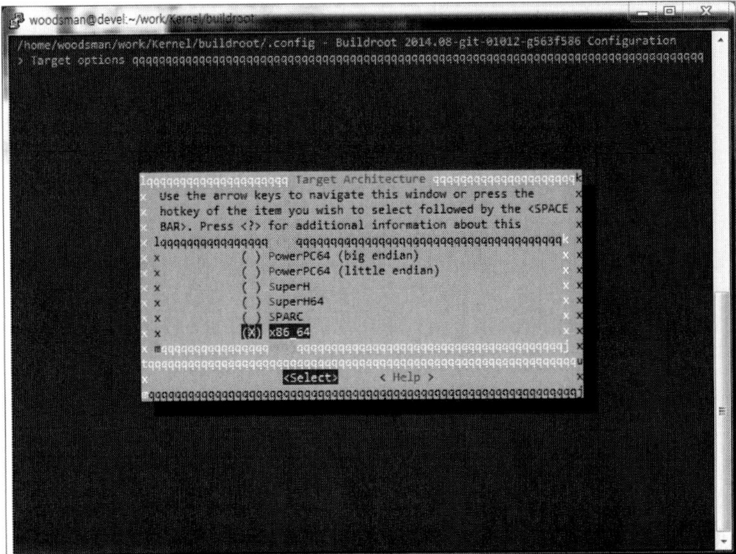

기본 설정으로 menuconfig를 빠져나와 빌드를 시작한다. Buildroot는 기본으로 ext2 파일 시스템으로 루트 파일 시스템을 구성한다.

```
$ make clean && make -j4
```

다른 아키텍처로 빌드하려면 크로스 컴파일러 설치와 설정이 완료되어 있어야 한다. 예를 들어, ARM으로 빌드하려면 ARM을 위한 GCC 컴파일러를 설치한 후 Buildroot와 커널을 설정하고 빌드해야 한다. 자세한 사항은 Buildroot의 Documentation[05]을 참고하자. 또한, menuconfig의 옵션을 잘 살펴보면 리눅스 환경에서 사용할 수 있는 명령어들을 활성화 또는 비활성화할 수 있다.

이제 만들어진 루트 파일 시스템으로 부팅해 보자. 루트 파일 시스템의 포맷을 (ext2/3/4)을 확인하고 각자 만든 리눅스 커널이 해당 파일 시스템을 지원하는지도 확인해야 한다. 리눅스 커널에서 해당 파일 시스템을 지원하지 않으면 부팅에 실패한다.

Buildroot에서 make menuconfig를 실행한 다음 [Filesystem images → [*] ext2/3/4 root file system]을 체크하고 [ext2/3/4 variant]에서 어떤 파일 시스템을 사용할지 선택한다(필자는 ext3를 선택했다).

---

05 http://buildroot.uclibc.org/downloads/manual/manual.html

그림 10-5 파일 시스템(ext2/3/4) 옵션 활성화

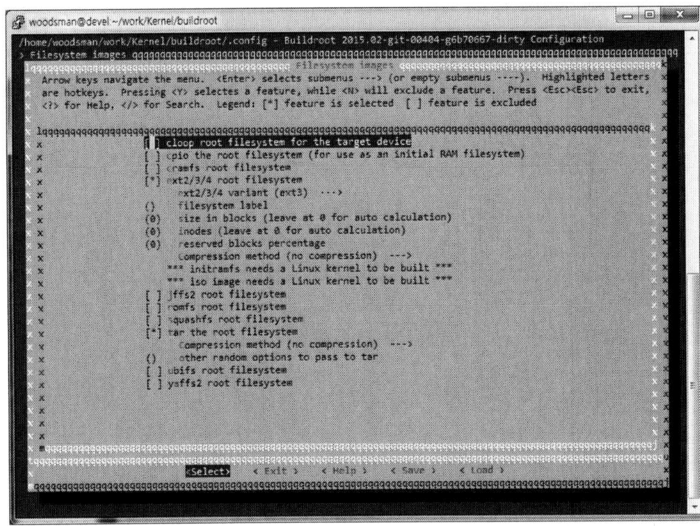

Buildroot는 기본적으로 ext2 파일 시스템으로 만들어지므로 리눅스 커널 옵션
에서 [Ext2(Second extended fs support)]를 〈*〉로 활성화하고 리눅스 커널
을 빌드해야 한다.

그림 10-6 리눅스 커널의 파일 시스템(ext2/3/4) 옵션 활성화

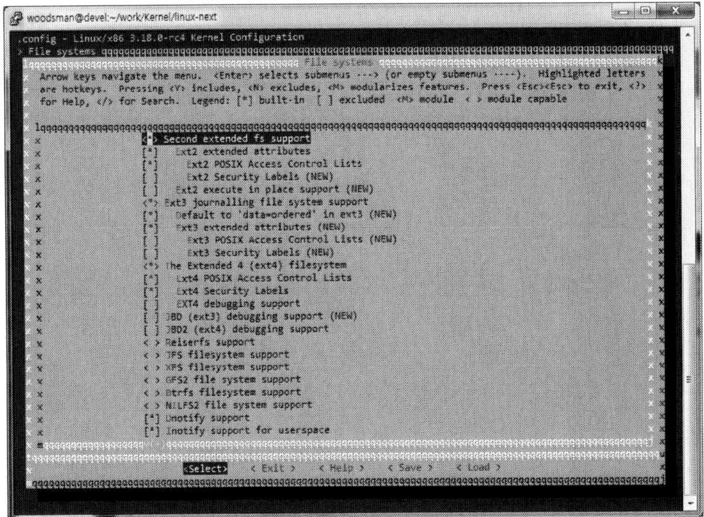

그리고 리눅스 커널 소스가 있는 곳으로 이동하여 다시 make menuconfig를 실행한다. 여기서도 [File systems] 항목 하위로 들어가면 관련 파일 시스템을 지원하도록 변경해 준다([그림 10-6] 참고).

리눅스 커널 설정을 변경하였으므로 다시 빌드해야 한다. 한 번 빌드가 되면 파일 시스템 관련 파일만 다시 빌드하므로 금방 끝난다(빌드 방법은 3장 참고).

이제 만들어진 루트 파일 시스템과 QEMU를 이용해 부팅한다. Buildroot를 빌드하면 buildroot/output/images에 rootfs.ext2라는 이름으로 이미지가 생성된다. 다음은 이 이미지를 이용해 QEMU를 부팅하는 명령이다. 내려받은 리눅스 커널 소스의 최상위로 이동한 다음 이 명령을 입력하면 된다.

```
$ cd /path/to/linux/kernel/src/
$ qemu-system-x86_64 -kernel arch/x86_64/boot/bzImage -smp 1 -boot c -m
2048M -hda ../buildroot/output/images/rootfs.ext2 -append "root=/dev/sda rw
console=tty0 console=ttyS0,115200 acpi=off" -serial stdio -display none
```

옵션 중 'smp'는 CPU를 몇 개 운영할지 정하는 것이고, 'm'은 메모리 용량이다. 필자는 2GB로 설정했다(사실 이렇게 많이 필요하진 않는다). 'hda' 옵션에는 루트 파일 시스템의 이미지 경로를 입력하면 된다. 필자는 상대 경로로 ../buildroot/output/images/ 하위에 있지만, 환경에 따라 다를 수 있으므로 확인하고 입력한다.

이 명령을 입력해 부팅하면 다음 내용이 출력된다. 마지막 부분에 리눅스 커널 로그와 로그인 셸이 나오는데, 아이디는 'root'고 패스워드는 따로 설정하지 않았으므로 아이디만 입력하면 셸이 뜬다.

```
[    2.233189] md: Scanned 0 and added 0 devices.
[    2.233463] md: autorun ...
[    2.233670] md: ... autorun DONE.
[    2.242982] kjournald starting.  Commit interval 5 seconds
```

```
[    2.244988] EXT3-fs (sda): using internal journal
[    2.245342] EXT3-fs (sda): mounted filesystem with ordered data mode
[    2.245967] VFS: Mounted root (ext3 filesystem) on device 8:0.
[    2.248059] devtmpfs: mounted
[    2.279925] Freeing unused kernel memory: 1092K (ffffffff81ee7000 -
ffffffff81ff8000)
[    2.280398] Write protecting the kernel read-only data: 14336k
[    2.308070] Freeing unused kernel memory: 1528K (ffff880001882000 -
ffff880001a00000)
[    2.331587] Freeing unused kernel memory: 1316K (ffff880001cb7000 -
ffff880001e00000)
[    2.413853] mount (826) used greatest stack depth: 13400 bytes left
[    2.558103] mkdir (828) used greatest stack depth: 12976 bytes left
Starting logging: OK
Initializing random number generator... [    2.980976] random: dd urandom
read with 118 bits of entropy available
done.
Starting network...
[    3.031453] random: nonblocking pool is initialized
[    3.083970] ip (850) used greatest stack depth: 12872 bytes left

Welcome to Buildroot
buildroot login: root
#
```

이제부터 이 방법으로 파일 시스템이나 메모리 관리 시스템을 디버깅하고, 루트 파일 시스템 관련 도구를 만들어 넣고 실행할 수도 있다.

10.5 루트 파일 시스템에 실행 바이너리 추가하기

루트 파일 시스템에 'hello'를 출력하는 파일을 넣어 보자. 현재 시스템은 'x86_64'로 가정하고 진행한다. 먼저 루트 파일 시스템 이미지를 현재 구동하고 있는 시스템에 마운트한다. 'root_mnt'라는 빈 디렉터리를 만들고 Buildroot로 만들어진 이미지를 마운트하여 사용한다.

```
$ cd /path/to/buildroot/output/imags
$ mkdir root_mnt
$ sudo mount -t ext3 -o loop rootfs.ext3 ./root_mnt
```

간단히 hello.c 파일을 생성하고 'Hello world!!'라는 문자열을 출력하는 프로
그램을 만든다(hello.c는 마운트된 root_mnt 외부에 만들어야 한다). hello.c를 컴파일
해 얻은 바이너리를 ./root_mnt/root 하위에 복사한다. Buildroot로 만든 이
미지 안에 hello 바이너리 실행 시 glibc 라이브러리에 의존 없이 사용하도록 정
적으로 빌드해서 진행한다. GCC 옵션 중 -static을 설정해 빌드하면 hello 바
이너리가 정적으로 만들어진다.

```
$ gcc -static hello.c -o hello
$ sudo cp hello ./root_mnt/root/
$ sudo umount ./root_mnt
```

file 명령어를 사용해 hello 바이너리가 정적으로 빌드되었는지 확인할 수 있다.

```
$ file hello
hello: ELF 64-bit LSB executable, x86-64, version 1 (GNU/Linux), statically
linked, for GNU/Linux 2.6.18, not stripped
```

QEMU로 부팅해서 만들어진 hello 바이너리를 실행해 보자. 로그인해서 ls 명
령으로 파일이 있는지 확인하고 실행하면 된다.

```
#
# ls
hello
# ./hello
Hello world!!
[1214646.659353] hello (860) used greatest stack depth: 11736 bytes left
#
```

이와 같이 hello를 실행해 'Hello world!!' 문자열이 출력되면 완성이다. 나중에 리눅스 커널을 개발하면서 직접 개발한 테스트 도구나 오픈소스의 도구를 이방법으로 QEMU에 전달해 실행할 수 있다.

기본으로 설정되는 옵션에서 리눅스 커널이 지원하는 파일 시스템만 적용해 Buildroot를 만들면 실행 바이너리를 앞에서 한 것처럼 static으로 빌드해서 실행해야 한다. 추가 옵션을 설정하려면 다음과 같이 한다.

현재 buildroot/qemu/linux kernel은 모두 x86_64에 맞추어 빌드되고 실행되었고, 앞의 예제에서 사용한 hello.c도 x86_64 시스템에서 빌드되었다. glibc는 정적 빌드가 아니면 동적으로 /lib64 하위에 있는 라이브러리를 링킹하여 실행한다. hello 바이너리가 어떤 라이브러리 링크를 가지는지 확인하려면 셸에서 'ldd' 명령어를 실행하면 알 수 있다(예를 들어, ldd hello). Buildroot에도 시스템 구성 시 어떤 라이브러리를 설치할 것인지 선택하는 메뉴가 있는데, 이 메뉴에서 glibc를 선택하고 루트 파일 시스템 이미지를 만들면 hello.c는 정적 빌드가 아니더라도 실행된다.

해당 옵션은 [Toolchain → C library → uClibc/eglibc/glibc/musl] 중 하나를 선택하면 되는데, 여기서 glibc를 선택한다. glibc 버전은 지원되는 최신으로 설정하면 된다.

이렇게만 하면 hello.c는 동적으로 빌드하여 실행할 수 있다. 즉, gcc -o hello hello.c로만 컴파일해서 바이너리를 만들더라도 QEMU에서 실행이 잘 된다. 이런 환경을 만든 다음 QEMU로 부팅된 리눅스를 Linux Test Project[06]로 테스팅해 본다.

---

06 http://linux-test-project.github.io/

 리눅스 커널 모듈 디버깅하기

QEMU와 GDB 연결로 리눅스 커널의 모든 소스 파일은 built-in(object 파일) 한 하나의 이미지로 컴파일되어야만 관련 심볼을 찾고 디버깅할 수 있다. 하지만 리눅스 커널은 요구에 따라 적재(load)와 해제(unload)를 할 수 있는 코드인 모듈(Module)[07] 방식을 통해 시스템의 재가동 없이 커널의 기능을 확장할 수 있게 한다. 리눅스 커널 모듈은 동적으로 적재와 해제가 되므로 적재 시 관련된 심볼을 GDB에 등록해야만 디버깅할 수 있게 된다.

간단한 예제로 리눅스 커널 모듈을 QEMU와 GDB로 디버깅하는 방법을 알아보자(예제는 Access the Linux kernel using the /proc filesystem[08]이라는 페이지를 참조하여 최신 버전의 리눅스 커널에서 빌드되도록 수정했다). 파일 이름은 simple.c로 작성한다.

```c
#include <linux/module.h>
#include <linux/kernel.h>
#include <linux/proc_fs.h>
#include <linux/string.h>
#include <linux/vmalloc.h>
#include <asm/uaccess.h>

#define pr_fmt(fmt) "fortune: " fmt

/* Defines the license for this LKM */
MODULE_LICENSE("GPL");

#define MAX_COOKIE_LENGTH       PAGE_SIZE
static struct proc_dir_entry *proc_entry;

static char *cookie_pot;  // Space for fortune strings

unsigned int read_index;
unsigned int write_index;

ssize_t fortune_write(struct file *filp, const char __user *buff, size_t
count, loff_t *data)
```

---

07 http://www.thegeekstuff.com/2013/07/write-linux-kernel-module/
08 http://www.ibm.com/developerworks/library/l-proc/

```c
{
    int space_available = (MAX_COOKIE_LENGTH - write_index) + 1;
    if (count > space_available) {
        pr_info("cookie pot is full!\n");
        return -ENOSPC;
    }

    if (copy_from_user(&cookie_pot[write_index], buff, count)) {
        return -EFAULT;
    }
    write_index += count;
    cookie_pot[write_index - 1] = 0;

    return count;
}

ssize_t fortune_read(struct file *filp, char __user *buff, size_t count, loff_
t *loff)
{
    int len;

    if(write_index == 0 || *loff > 0)
        return 0;
    if(read_index >= write_index)
        read_index = 0;
    len = sprintf(buff, "%s\n", &cookie_pot[read_index]);
    read_index += len;
    *loff += len;
    return len;
}

static const struct file_operations proc_file_fops = {
    .owner = THIS_MODULE,
    .read = fortune_read,
    .write = fortune_write
};

int init_fortune_module(void)
{
    int ret = 0;
    cookie_pot = (char *)vmalloc(MAX_COOKIE_LENGTH);

    if (!cookie_pot) {
        ret = -ENOMEM;
    } else {
```

```c
        memset(cookie_pot, 0, MAX_COOKIE_LENGTH);
        proc_entry = proc_create( "fortune", 0, NULL, &proc_file_fops);

        if (proc_entry == NULL) {
            ret = -ENOMEM;
            vfree(cookie_pot);
            pr_err("Couldn't create proc entry\n");
        } else {
            read_index = 0;
            write_index = 0;
            pr_info("Module loaded.\n");
        }
    }

    return ret;
}

void cleanup_fortune_module( void )
{
    remove_proc_entry("fortune", NULL);
    if (cookie_pot)
        vfree(cookie_pot);
    pr_info("Module unloaded.\n");
}
module_init( init_fortune_module );
module_exit( cleanup_fortune_module );
```

이 파일을 빌드하기 위한 Makefile 내용은 다음과 같다.

```
obj-m += simple.o

TARGET_LINUX_DIR=/path/to/your/linux/kernel
all:
    make -C $(TARGET_LINUX_DIR) M=$(PWD) modules
clean:
    make -C $(TARGET_LINUX_DIR) M=$(PWD) clean
```

빌드하려면 Makefile이 있는 디렉터리에서 make 명령을 실행하면 된다. Clean
모드로 빌드하고 싶다면 make clean 명령을 실행하여 소스 파일을 제외한 나머
지 파일을 지워 준다. 여기서 TARGET_LINUX_DIR에는 이미 빌드한 리눅스 커널

소스의 디렉터리 경로를 입력해야 한다. 빌드되어 있지 않으면 리눅스 커널 모듈은 빌드되지 않는다.

참고로, 리눅스 커널 모듈을 지원하기 위해 리눅스 커널을 빌드할 때 관련 옵션에서 확인해야 하는 옵션이 있다. 만약 이 옵션이 비활성화 상태로 빌드되었다면 리눅스 커널을 다시 빌드하길 바란다. 확인하는 방법은 make menuconfig 명령으로 리눅스 커널 옵션 메뉴로 진입하여(3.2 리눅스 커널 옵션 설정 참고) '[*] Enable loadable module support' 옵션을 스페이스 키로 '*'로 만들어 준다. 그리고 '[*] Enable loadable module support ---〉 [*] Module unloading ---〉 [*] Forced module unloading'까지 활성화한다.

make로 모듈 빌드가 완료되면 simple.c 소스 파일이 있는 디렉터리에 다양한 파일들이 생성된다. 이 중 simple.ko 파일이 리눅스 커널에 적재될 파일이며 이를 Buildroot로 만들어 둔 루트 파일 시스템에 넣고 부팅해 보자.

10.5 루트 파일 시스템에 실행 바이너리 추가하기에서 만들어진 루트 파일 시스템 이미지를 임시 디렉터리에 마운트하여 파일을 추가하는 방법을 소개했다. 하지만 이런 식으로 파일을 추가하는 것은 용량 제한이 있다. 추가 디스크 생성 없이(디스크 추가 방법은 10.7 Linux Test Project 참고) 파일을 계속 넣다 보면, 만들어진 이미지에 용량이 가득 차서 더 넣을 수 없다는 메시지를 보게 된다. 새로운 디스크를 추가하지 않고 하나의 이미지로 계속 용량을 늘려 사용하고 싶다면, Buildroot가 이미지를 생성할 때 참조하는 디렉터리에 자신이 넣고 싶은 바이너리를 추가하고 재빌드를 하면 용량과 관계없이 계속 추가된다. 빌드 시간은 최초 빌드보다는 짧게 끝나지만, 임시 디렉터리를 마운트해서 파일 추가하는 방법보다는 시간이 조금 더 걸린다는 단점이 있다. 참고로, 재빌드는 이미지를 새로 생성하기 때문에, 10.5 루트 파일 시스템에 실행 바이너리 추가하기의 방법대로 추가한 파일들은 사라진다.

이제 simple.ko 파일을 Buildroot가 이미지 생성 시 참조하는 디렉터리에 추가하여 루트 파일 시스템을 새로 만들어 보자.

최초 Buildroot를 빌드하면, output 디렉터리가 생성된다. 이 중에서 images 디렉터리는 10.5 루트 파일 시스템에 실행 바이너리 추가하기에서 알아봤듯이 루트 파일 이미지가 생성되는 곳이고, 같은 위치에 target이라는 디렉터리가 있다. 이 target이라는 디렉터리를 이미지화하여 images 디렉터리에 rootfs.ext2 이미지 파일을 만드는 것이다. 즉, buildroot/output/target 하위에 simple.ko 파일을 옮겨 놓으면, 루트 파일 시스템 이미지에 포함된다. 필자는 buildroot/output/target/root 하위에 simple.ko 파일을 복사하였고, buildroot 최상위 디렉터리로 이동한 후 make하면 이미지가 재생성된다.

```
$ cd /path/to/buildroot
$ make
```

다시 QEMU로 리눅스 커널을 부팅해 보자. 10.4 루트 파일 시스템 만들기와 10.5 루트 파일 시스템에 실행 바이너리 추가하기에서 사용한 루트 파일 시스템 이미지 경로나 파일 이름이 같으므로 QEMU 옵션에 추가나 변경 사항 없이 그대로 사용하면 된다. 마지막에 '-s' 옵션을 넣어줘야 GDB와 연결할 수 있는 TCP 포트(1234)가 열린다.

```
qemu-system-x86_64 -kernel arch/x86_64/boot/bzImage -smp 1 -boot c -m 2048M
-hda ../buildroot/output/images/rootfs.ext2 -append "root=/dev/sda rw
console=tty0 console=ttyS0,115200 acpi=off" -serial stdio -display none -s
```

부팅하고 나면 root/ 디렉터리 하위에서 simple.ko 파일을 확인할 수 있다.

이제 모듈을 적재하고 관련 심볼을 등록하여 GDB에서 future_write() 함수를 디버깅해 보자.

먼저, QEMU에서 Buildroot로 로그인한 후 insmod 명령어로 모듈을 적재하고 적재된 리눅스 커널의 가상 주소 공간을 확인한다. 이 주소 공간을 알게 되면 동적으로 GDB에 심볼 등록을 요청할 수 있다. /sys/module/simple/section 하위에 simple.ko 모듈 적재 정보가 나오는데, 이 중 .text 영역을 GDB에 등록하면 된다. 필자가 Cat 명령어로 /sys/module/simple/section/.text 값을 읽었을 때는 '0xffffffffa0000000'로 나왔다. 이는 리눅스 커널 옵션 및 시스템 환경에 따라 다르게 나올 수 있다.

```
# cd /root
# insmod simple.ko
# cat /sys/module/simple/sections/.text
0xffffffffa0000000
```

이제 GDB에 이 가상 주소로 simple.ko 심볼을 등록해 보자. 일단 QEMU 타깃과 GDB를 연결한 후 add-symbol-file 명령어로 simple.ko를 빌드한 path 경로를 입력하고, /sys/module/simple/section/.text로 읽은 가상 주소를 인자값으로 넣어준다. 이렇게 하면 GDB가 심볼을 등록할지 묻는데, 이때 'y'를 입력하면 심볼을 읽었다고 알려준다.

그다음 중단점을 설정하고 디버깅해 보자. 필자가 원하는 중단점의 위치는 fortune_write( )함수이므로 GDB에서 'b' 명령어(break)로 중단점을 잡아준다. 마지막으로 'c' 명령어를 입력하면 디버깅 준비가 끝난다.

```
$ cd /path/to/linux/kernel
$ gdb ./vmlinux

〈중략〉

(gdb) target remote localhost:1234
(gdb) add-symbol-file /path/to/simple.ko 0xffffffffa0000000
add symbol table from file " /path/to/simple.ko" at
        .text_addr = 0xffffffffa0000000
```

```
(y or n) y
Reading symbols from /path/to/simple.ko...done.
(gdb) b fortune_write
Breakpoint 1 at 0xfffffffffa0000200: file /path/to/simple.ko, line 24.
(gdb) c
Continuing.
```

마지막으로, `fortune_write`가 불렸을 때 GDB가 중단점에서 잘 멈추는지 확인해 보자. QEMU로 돌아가서 다음 내용을 입력한다.

```
# echo "Success is an individual proposition. Thomas Watson" > /proc/fortune
```

GDB에서 중단점이 걸리고 다음 내용이 나오면 성공이다.

```
Breakpoint 1, fortune_write (filp=0xffff88007c1d6800, buff=0x24b0710
"Success is an individual proposition. Thomas Watson\n", count=123,
data=0xffff88007c21ff20)
        at /home/woodsman/work/Kernel/test-module/simple-module/simple.c:24
24          int space_available = (MAX_COOKIE_LENGTH - write_index) + 1;
(gdb)
```

이와 같은 방법으로 리눅스 커널 모듈을 디버깅할 수 있다.

10.7 Linux Test Project

LTP^Linux Test Project^는 오랫동안 리눅스 커널의 안정성을 위한 테스트 환경을 제공해 온 오픈소스 프로젝트다. 서버처럼 안정성과 성능을 중시하는 환경의 요구에 맞추어 이러한 테스트 방법이 개발되었다. 이 책에서는 QEMU로 리눅스 커널 부팅을 확인하고 간단히 디버깅하는 방법을 소개했다. LTP는 QEMU 환경에서 수행하는 것은 의미가 없을 수도 있지만 프로젝트 빌드 방법과 수행 방법을 알아둔다면 향후에 많은 도움이 될 수 있을 것이다. 또한, 테스트 케이스에 관련된 소스를 보고 특정 서브 모듈(메모리 관리/파일 시스템 등)을 어떻게 테스트해야 하는지도 공부할 수 있다. LTP 소스를 받고 빌드를 진행해 보자.

10.7.1 LTP 소스 빌드와 QEMU 추가 디스크 마운트하기

LTP 홈페이지의 [Source] 항목의 [View code]를 누르면 github 페이지[09]로 연결된다. 이 소스를 받고 빌드해 보자.

빌드하는 방법은 너무나도 간단하다. 소스를 받고 다음 명령을 순서대로 진행하면 된다. ./configure 실행 시 특정 패키지가 없어서 오류가 발생하면 관련 패키지를 설치한다. --prefix 옵션의 '/home/yourID/ltp/'는 LTP가 빌드한 바이너리를 쉽게 QEMU가 마운트하는 디스크 이미지로 복사하기 위해 만들어진 디렉터리다.

```
$ sudo apt-get install autotools-dev automake unzip autoconf
$ make autotools
$ git clone https://github.com/linux-test-project/ltp.git
$ cd ltp
$ ./configure --prefix=/home/yourID/ltp
$ make && make install
```

make install이 끝나면 관련 바이너리들이 /home/yourID/ltp로 복사된다. 빌드된 testcase 바이너리들은 140~150MB 정도 되는데, 정적 빌드 시 약 1.5GB가 되고 빌드 오류 수정도 포함되어야 한다.

이 프로젝트를 어떻게 QEMU에서 실행하는지 알아보자. 루트 파일 시스템으로 만들어 놓은 이미지의 공간 확장을 하기보다는 새로운 파일 시스템 이미지를 QEMU에 알려 주는 것이 더 편하다.

---

09 https://github.com/linux-test-project/ltp

먼저 QEMU를 위한 raw 이미지를 만든다.

```
$ qemu-img create -f raw -o size=1G /path/to/image/secondary.img
$ mkfs.ext3 secondary.img
$ mkdir temp_mnt
$ sudo mount -t ext3 -o loop /path/to/image/secondary.img ./temp_mnt
$ cp /home/yourID/ltp ./temp_mnt
$ sudo umount temp_mnt
```

명령어를 하나씩 살펴보자. qemu-img 명령어로 raw 한 블록의 디스크 이미지를 만든다. /path/to/image는 신경 쓰지 말고 원하는 디렉터리의 경로로 잡으면 된다. 만들어진 이미지는 블록 디바이스를 위한 이미지일 뿐이므로 ext 시리즈의 파일 시스템으로 포맷팅해야 한다. mkfs.ext3를 통해 해당 이미지를 ext3로 포맷한다. mount 명령어의 '-o loop' 옵션(loopback 디바이스)으로 파일 시스템 이미지를 특정 디렉터리로 마운트하고 빌드한 LTP 테스트 바이너리들을 마운트된 디스크에 복사한다. 140MB 정도 되지만 향후 추가 프로그램을 위해 1GB로 이미지를 생성했다. 이제 umount를 실행하면 QEMU에서 마운트했을 때 관련 바이너리들을 그 안에서 확인하고 실행할 수 있다.

QEMU에서 이 이미지를 인지할 수 있도록 실행 시 파라미터로 넘겨 보자.

```
$ cd /path/to/linux/kernel/src/
$ qemu-system-x86_64 -kernel arch/x86_64/boot/bzImage -smp 1 -boot c -m 2048M
-hda ../buildroot/output/images/rootfs.ext2 -hdb /path/to/image/secondary.
img -append "root=/dev/sda rw console=tty0 console=ttyS0,115200 acpi=off"
-serial stdio -display none
```

이미 빌드된 리눅스 커널 디렉터리로 이동하고, QEMU를 실행할 방법을 알아보았다. 여기서 추가 옵션은 '-hdb'다. 간단히 설명하면 물리적인 디스크는 hda/hdb/hdc 순으로 맨 뒤의 영문자가 a, b, c로 증가한다. 하나의 물리적인 디스크에서 파티션이 나뉘어 있다면 had는 hda1/hda2 식으로 숫자가 붙는다. 여기서는 물리적인 디스크를 추가한 것이므로 옵션 -hdb로 관련 이미지를 QEMU에 알려준다.

이렇게 설정하고 부팅하면, QEMU에서 이 디스크를 어떻게 볼 것인지 추가 설정이 필요하다. 두 가지 방법이 있는데, 부팅할 때마다 명령어로 두 번째 디스크를 마운트하는 방법과 /etc/fstab에 관련 디스크를 추가하여 부팅 시 자동으로 마운트하는 방법이다.

QEMU 부팅 때마다 마운트하려면 다음 명령을 실행한다. 이 명령은 QEMU가 부팅하고 나서 셸에서 실행한다.

```
# mkdir /root/secondary
# mount -t ext3 /dev/sdb /root/secondary
```

Buildroot는 접속 계정 자체가 root이므로 sudo는 필요 없다. /etc/fstab을 수정하는 방법은 다음과 같다. QEMU가 부팅되어 있다면 먼저 'Ctrl+C'로 종료한다.

```
$ cd buildroot/output/images
$ mkdir root                  // 이미 있다면 안 해도 된다.
$ sudo mount -t ext3 -o loop rootfs.ext3 ./root
$ cd root
$ cd root                     // 마운트된 디스크 내에도 root라는 디렉터리가 있다.
$ mkdir secondary             // 새로운 디스크가 마운트될 디렉터리 이름.
$ vi ../etc/fstab             // 간혹 현재 수행되는 시스템의 fstab을 수정하는 경우가 있다. 여
                                 기서 etc는 현재 사용하는 /etc/fstab이 아니다. QEMU를 위해 만들
                                 어진 루트 파일 시스템의 etc/fstab이다. 경로를 확인하길 바란다.
```

Buildroot로 만들어진 etc/fstab의 내용을 보면 다음처럼 fstab에 표시된 내용을 추가하고 저장하면 된다(sudo 권한으로 수정해야 할 수도 있다).

```
# /etc/fstab: static file system information.
```

```
#
# <file system> <mount pt>        <type>      <options>                  <dump> <pass>
/dev/root       /                 ext2        rw,noauto                   0      1
/dev/sdb        /root/secondary ext3      rw                              0      0
proc            /proc             proc        defaults                    0      0
devpts          /dev/pts          devpts      defaults,gid=5,mode=620 0      0
tmpfs           /dev/shm          tmpfs       mode=0777                   0      0
tmpfs           /tmp              tmpfs       mode=1777                   0      0
sysfs           /sys              sysfs       defaults                    0      0
```

저장하고 나서 QEMU를 같은 방법으로 부팅한다.

```
$ cd ../../           // 마운트되었던 root 디렉터리를 빠져나와야 한다.
$ sudo umount root
```

부팅한 다음 mount 명령어로 확인하면 다음처럼 /dev/sdb가 /root/secondary로
마운트되었음을 확인할 수 있다.

```
# mount
/dev/root on / type ext3 (rw,relatime,barrier=1,data=ordered)
devtmpfs on /dev type devtmpfs (rw,relatime,size=1023192k,nr_
inodes=255798,mode=755)
proc on /proc type proc (rw,relatime)
/dev/sdb on /root/secondary type ext3 (rw,relatime,errors=continue,barrier=1,
data=ordered)
devpts on /dev/pts type devpts (rw,relatime,gid=5,mode=620)
tmpfs on /dev/shm type tmpfs (rw,relatime,mode=777)
tmpfs on /tmp type tmpfs (rw,relatime)
sysfs on /sys type sysfs (rw,relatime)
```

10.7.2 LTP 테스트 케이스 수행

LTP 테스트는 다양한 리눅스 서브 시스템(파일 시스템, 디스크 I/O, 메모리 관리, IPC
stress, 스케쥴러, 명령어, 시스템 콜) 관련 확인 테스트를 진행한다. LTP는 이 테스트를

위한 스크립트가 있으며 간단한 실행으로 모든 확인 테스트를 한 번에 수행할 수도 있고, 특정 서브 시스템 테스트 또는 테스트 케이스 하나씩 실행할 수도 있다. 모든 확인 테스트를 한 번에 하는 방법(물론 QEMU 부팅 후에 진행한다.)에서 기본 옵션은 다음과 같다. root/secondary로 이동해 ./runltp - help를 실행해도 관련 옵션을 모두 볼 수 있다.

```
-t 시간 지정, 60s(초), 45m(분), 24h(시), 2d(일) 형태로 입력 가능
-l 결과 로그를 저장하는 파일 지정
-o 테스트 수행 중 출력되는 모든 로그를 셸이 아닌 파일로 기록
-C 실패한 테스트 케이스만 따로 출력하는 파일을 지정
-p "Human readable format"으로 출력
```

1시간동안 result.log에 모든 결과 출력을 저장하고 실패한 케이스를 failedCase.log에 저장한다.

예제

```
# cd ./root/secondary
# ./runltp -p -t 1h -l result.log  -C failedCase.log
```

이렇게 입력하면 모든 테스트를 진행한다. 하지만 가상 머신인 QEMU에서 실행하지 말아야 할 리스트가 있다. 물론 전체 테스트를 QEMU에서 할 일은 없겠지만 리스트를 꼭 확인해 보자. 이 리스트는 http://wiki.qemu.org/Testing/LTP에서 확인할 수 있다.

```
# skiplist for QEMU testing
# This is a list of tests which hang completely under QEMU
# or are otherwise badly behaved (as opposed to merely failing).
# We should probably investigate them more closely at some point.
#
# Skip all the clone tests, QEMU threading support is known to be broken
# and one of the clone tests seems to cause the LTP test harness
# to bail out entirely.
```

```
clone01
clone02
clone03
clone04
clone05
clone06
clone07
# Seems to hang
fork13
# These tests get in a total mess with signals
kill10
kill11
# This runs OK but thrashes the machine with lots of processes
msgctl11
# These three seem to hang
msgrcv03
nanosleep04
splice02
# these tests try to restart syslogd!?!
syslog01
syslog02
syslog03
syslog04
syslog05
syslog06
syslog07
syslog08
syslog09
syslog10
syslog11
syslog12
# hangs
waitpid02
```

일단 해당 페이지에 접속해 이 리스트를 복사한 뒤 'qemu.skiplist'라는 파일을
만든다. QEMU 내부에서도 간단하게 'cat > qemu.skiplist'라고 입력한 다
음 입력을 기다리는 콘솔에 우클릭으로 복사하면 된다. 저장은 'Ctrl+D'다. 이 저
장된 파일을 LTP testing에 -S 옵션 파라미터로 넘겨주면 앞에 명시된 테스트는

진행하지 않는다.

```
$ ./runltp -p -l result.log -C failedCase.log -S qemu.skiplist
```

이제 모든 테스트가 아닌 특정 서브 시스템이나 해당 서브 시스템에서 하나의 테스트 케이스를 실행하는 방법을 알아보자. 특정 서브 시스템 테스트의 스크립트를 확인하려면 복사한 ltp 디렉터리의 runtest 내부를 보면 된다. runtest 하위에 있는 파일 이름을 그대로 이용하면 테스트를 시작한다.

```
$ ./runltp -p -f /root/secondary/ltp/runtest/mm
```

runtest/mm 파일을 보면 메모리 관련 테스트 이름이 있는데, 명시된 내용의 테스트를 진행한다. 기본적으로 같은 디렉터리에 results라는 디렉터리를 만들고 로그를 기록한다. 그런데 mm 테스트를 수행할 때 몇 개가 테스트에 실패한다면 실패한 케이스를 따로 실행해 볼 수 있어야 한다. 예를 들어, mm으로 테스트했는데 mtest05가 실패했다면 다음과 같이 실행한다.

```
$ ./runltp -p -f /root/secondary/ltp/runtest/mm -s mtest05
```

이는 mtest05라는 테스트 케이스 하나만 수행하는 명령이다. 이 경우 수행 결과는 다음과 같다.


```
INFO: creating /root/temp/results directory
Checking for required user/group ids

〈중략〉

/proc/cpuinfo
processor       : 0
vendor_id       : AuthenticAMD
```

```
cpu family      : 6
model           : 6
model name      : QEMU Virtual CPU version 1.7.2
stepping        : 3
cpu MHz         : 3602.088
cache size      : 512 KB
physical id     : 0
siblings        : 1
core id         : 0
cpu cores       : 1
apicid          : 0
initial apicid  : 0
fpu             : yes
fpu_exception   : yes
cpuid level     : 4
wp              : yes
```

〈중략〉

```
《《《test_start》》》
tag=mtest05 stime=1423727251
cmdline=" mmstress"
contacts=""
analysis=exit
《《《test_output》》》
incrementing stop
mmstress    0  TINFO  :  run mmstress -h for all options
mmstress    0  TINFO  :  test1: Test case tests the race condition between
simultaneous read faults in the same address space.
[  104.754051] mmstress (996) used greatest stack depth: 12568 bytes left
mmstress    1  TPASS  :  TEST 1 Passed
mmstress    0  TINFO  :  test2: Test case tests the race condition between
simultaneous write faults in the same address space.
mmstress    2  TPASS  :  TEST 2 Passed
mmstress    0  TINFO  :  test3: Test case tests the race condition between
simultaneous COW faults in the same address space.
mmstress    3  TPASS  :  TEST 3 Passed
mmstress    0  TINFO  :  test4: Test case tests the race condition between
simultaneous READ faults in the same address space. The file mapped is /dev/
zero
mmstress    4  TPASS  :  TEST 4 Passed
mmstress    0  TINFO  :  test5: Test case tests the race condition between
```

```
simultaneous fork - exit faults in the same address space.
mmstress    5  TPASS  :  TEST 5 Passed
mmstress    0  TINFO  :  test6: Test case tests the race condition between
simultaneous fork -exec - exit faults in the same address space.
mmstress    6  TPASS  :  TEST 6 Passed
mmstress    7  TPASS  :  Test Passed
[  110.057771] mmstress (977) used greatest stack depth: 11928 bytes left
<<<execution_status>>>
initiation_status="ok"
duration=7 termination_type=exited termination_id=0 corefile=no
cutime=136 cstime=514
<<<test_end>>>
INFO: ltp-pan reported all tests PASS
LTP Version: 20150119-53-g9678b9e


      ########################################################
            Done executing testcases.
            LTP Version:   20150119-53-g9678b9e
      ########################################################
```

이는 초반에 간략한 시스템 정보를 출력하고 테스트를 시작한 다음 결과까지 보여 주는 예시다. 이런 테스트 케이스를 분석하는 것도 좋은 방법 중 하나라고 생각한다. 이외에도 다양한 방법이 있으니 자신에게 맞는 방법으로 테스트를 진행하면 된다.

## chapter 11

참고용 사이트

이 장에서는 리눅스 커널을 개발하는 데 도움이 되는 사이트를 정리하고 이를 이용하는 방법을 알아보겠다. 앞에서 설명한 메일링 리스트와 이 장에서 설명하는 내용을 함께 활용한다면 리눅스 커널을 공부하는 데 많은 도움이 될 것이다.

11.1 LWN.net

Linux 주간 뉴스 사이트로, 홈페이지는 https://lwn.net다. 각종 패치 관련 소식이나 새로운 특징, 오픈소스 관련 내용을 업데이트한다. 이 사이트는 무료지만, 기부의 성격이 있어서 최신 한 주의 뉴스는 바로 볼 수가 없고 지난주 내용까지만 볼 수 있다는 제약이 있다. 그러나 그것만으로도 읽을 내용이 무척 많다. 이 외에도 PDF 파일 형태의 책을 무료로 제공하는 등 볼거리가 다양하다.

Kernel index

Linux 커널 관련 글들을 따로 모아 놓은 페이지로, URL은 https://lwn.net/Kernel/Index/다. 카테고리와 주제, 날짜를 확인하면서 하나씩 읽어 보면 좋은 자료가 된다.

Linux Device Drivers, Third Edition

LWN.net에서 무료로 제공하는 책으로, URL은 https://lwn.net/Kernel/LDD3/이다. 이 책은 패치를 개발하다가 특정 모듈에 관심이 생겨서 리눅스 디바이스 드라이버 관련 책이 필요할 때 참고하면 좋다. PDF 파일로 제공하므로 내려받을 수 있다. 코드를 보면서 부족한 부분을 이 책으로 채워 나가면 좋을 것 같다.

LWN.net에는 문제가 있어 사라질 함수를 알려준다. 예를 들어, 문자열을 정수형 변수에 담아주는 simple_strtoul ( ) 함수는 '100xx'라는 문자열도 정수형으로 변환해 준다. 그래서 추가로 strict_strtoul ( )을 만들었는데, 이 함수도 오버플로를 확인해 주지 않는다. 그래서 kstrtoul ( ) 함수로 변경하는 것이 좋다는 내용이 있다. 커널 코드를 보다가 이런 부분이 남아 있다면 알맞게 변경하는 패치를 개발하는 것도 좋다.

이처럼 LWN.net에는 다양한 정보를 공유되므로 매주 업데이트되는 사항을 하나씩 살펴보면서 북마크를 해 둔다면 리눅스 커널 개발에 많은 도움이 될 것이다.

11.2 kernelnewbies.org

초보 리눅스 커널 개발자들을 위한 페이지로, URL은 http://kernelnewbies. org/다. 최근까지 업데이트가 잘 되고 있으며 기본적인 리눅스 커널 개발 관련 사항을 볼 수 있다. 예를 들어, likely ( )/unlikely ( )는 어떻게 사용하는지, do { … } while (0)을 정의해서 사용하는 경우가 있는데 이것은 왜 쓰고 어떻게 쓰는지 등 기본적인 리눅스 커널 코드 규칙들을 볼 수 있고 사용법을 알려주는 점이 좋다.

11.3 Git 연습과 이해

리눅스 커널의 소스 형상관리는 Git으로 이뤄진다. 리눅스 커널 개발을 하면서 기본적인 사용법은 알지만, 자세한 사용 방법이나 의미는 모를 수 있다. 이에 Git에 대한 내용을 잘 설명하고 연습하기 좋은 사이트를 소개한다. 링크 주소는 http://

pcottle.github.io/learnGitBranching/이다.

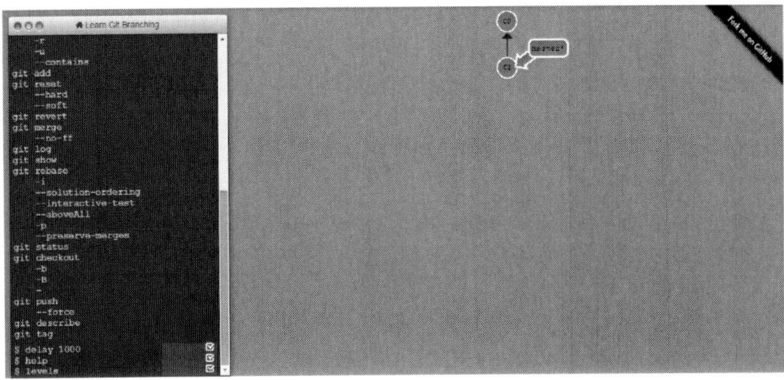

이 사이트는 Git 명령어에 대한 설명을 오른쪽 화면에 그림으로 나타내 이해하기 쉽게 표현하고, 간단한 문제부터 복잡한 문제까지 여러 단계를 제시해 푸는 재미를 준다. 처음 접속하면 문제를 선택할 수 있고 선택된 문제에 맞춰 명령어를 입력하면 된다. 각 문제를 해결하기 전에 관련 사항을 설명하므로 이 부분을 천천히 읽으면서 Git을 이해해 보길 바란다.

11.4 기타

앞서 소개한 사이트 이외에도 다양한 사이트가 있으니 참고하길 바란다.

11.4.1 gustavo

개인 블로그로, 주소는 http://duartes.org/gustavo/blog/archives/다. 이 블로그에는 기본적인 x86 계열의 PC 관련 설명과 더불어 리눅스 커널에 관한 내용을 글과 그림으로 잘 정리되어 있다. 2009년에 포스팅이 중단되었다가 2014년부터 다시 글이 올라오고 있다.

11.4.2 구글 플러스 커뮤니티

Gmail로 메일링 리스트를 구독하면 Google+에 자동으로 연결된다. Google+에서 각종 리눅스 관련 커뮤니티를 검색해서 등록하고 주기적으로 업데이트되는 내용들을 확인하면 좋다. 또한, 커널 패치를 하다 보면 이 방면으로 유명한 개발자들이 몇 명 있다. 이들 중 Google+에 등록된 개발자가 있다면 팔로우해보는 것도 좋다. 필자가 가입한 커뮤니티들 중에서 Linux[01]와 Open Source Software[02] 커뮤니티에 좋은 정보들이 많이 있다. Google+에서 'Linux/Open Source Software'라는 키워드로 검색해도 찾을 수 있다.

---

01 https://plus.google.com/+Linux/posts
02 https://plus.google.com/115116042594082392880/posts

## chapter 12

맺음말

필자가 쓴 이 책은 프로그래밍을 배울 때 처음 접하는 'Hello world'라고 볼 수 있다. 자신이 만든 리눅스 패치를 메인라인에 적용해 보면서 어떻게 해야 좋은 패치를 만들 수 있는지를 알아가는 과정을 경험할 수 있을 것이다.

어떤 일을 하든 동기나 재미가 부여된다면, 그렇지 않을 때보다 더욱더 일을 잘 해내고 실력이 매우 늘 수 있다. 리눅스 커널도 마찬가지다. 다양한 세미나나 책을 통해 리눅스 커널을 배우다 보면 흥미를 느끼는 모듈이 생길 것이다. 그 부분에 대해 꾸준히 공부하길 권한다. 필자도 아직까지 staging 하위에 위치한 디바이스 드라이버를 꾸준히 보고 있다. 한 모듈에 코딩 스타일과 간단한 메모리 릭 등을 고치면서 조금씩 나아가면 좋은 개발자가 될 수 있으리라 믿는다.

리눅스 커널은 다양한 서브 시스템이 있다. 이들은 또 다른 하위 서브 시스템이 있다. 디바이스 드라이버를 보는 것도 좋고, 메인 서브 시스템을 공부하는 것도 좋다. 이 책을 통해 리눅스 패치를 만드는 기본 방법을 배우고 차츰 공부하다 보면 자신의 의견을 코드에 담을 수 있는 날도 올 것이다. 중요한 것은 꾸준히 개발에 참여하는 것이다 너무 힘들지 않는 선에서 자신이 참여할 수 있는 공간을 만들어 보면 좋겠다.

또한 국내에서 오픈소스에 기여한 개발자들의 인터뷰가 담겨 있는 책을 읽는 것도 도움이 된다. 『꾸준히, 자유롭게, 즐겁게』(송우일, 2013, 인사이트)라는 책을 추천한다. 일부 내용이 인터넷에 무료로 공개되어 있으므로 한 번 찾아서 읽어보길 바란다. 필자도 리눅스 커널 패치를 만들면서 실수를 고치는 것부터 간단한 토론까지, 다양한 개발자들을 통해 배운 점이 많다.

이 책을 쓰는 동안 꾸준히 패치를 진행했던 모듈(staging/dgap)의 Maintainer가 되었다. Maintainer는 복잡한 과정을 거쳐 되는 줄 알았는데, 의외로 간단했다. 해당 디바이스 드라이버에 패치하는 동안 코딩 스타일과 간단한 버그들도 수정하다 보니 계속 리뷰를 해 주는 개발자가 Maintainer 파일(리눅스 커널의 최상위 파일 중 MAINTAINER)에 이름을 등록하라는 메일을 보냈다. 그래서 그 파일과 관련한 디바이스 드라이버의 목록에 이름과 이메일을 적고 패치를 보냈더니 Maintainer로 등록되었다. 그동안 아주 복잡하고 어려운 수정사항은 없었지만, 꾸준히 작업해 온 결과가 아닐까. 간단한 것부터 하나씩 진행하다 보면 많은 정보 속에서 자신에게 도움이 될 만한 것들을 많이 얻을 수 있으리라 생각한다.